Barbara Schlochow

Gesucht: Mein verlorener Zwilling

Liebe und Tod am Beginn des Lebens

Das vorliegende Buch ist in allen
seinen Teilen urheberrechtlich geschützt.
Copyright der Originalausgabe 2007 by Barbara Schlochow
10. Auflage: 2011
www.BarbaraSchlochow.ch

Titelbild: Christin Artho
Alle erwähnten Klienten sind durch einen anderen Namen geschützt.

Umwelthinweis:
Der Druck dieses Taschenbuches
ist chlorfrei und umweltschonend.

Gesamtherstellung: Editions à la Carte Zürich
www.editions.ch

ISBN 978-3-905708-33-2

Barbara Schlochow

Gesucht:
Mein verlorener Zwilling

Liebe und Tod am Beginn des Lebens

Vom Trauma zum Segen

Inhaltsangabe

1. Vorwort von Franz Renggli und Einleitung 7

2. Die medizinische Bedeutung 13

3. Meine eigene Zwillingsgeschichte und woher die Leidenschaft kommt 15

4. Reise zum Beginn des Lebens 19
    4.1 Heimat aus der wir kommen 19
    4.2 Absprung oder Zeugung 20
    4.3 Ankommen und Zeit mit dem Zwilling 23
    4.4 Verlassen werden 26
    4.5. Die Zeit danach alleine 29

5. Lebenskonsequenzen aus dem Trauma 33
    5.1 Symbiosewunsch und Ausschliesslichkeit 35
    5.2 Abhängigkeit 36
    5.3 Einsamkeit 37
    5.4 Sehnsucht und Warten 39
    5.5 Erst war es ganz schön, dann ganz schlimm… 44
    5.6 Plötzliche Trennungen oder Verluste 46
    5.7 Erinnerungen an den Abschied 47
    5.8 Heimlichkeiten und Drama 48
    5.9 Todessehnsucht 49
    5.10 Schuldgefühle 52
    5.11 Bruder - Schwester - Beziehungen 53
    5.12 Unerklärliche Trauer 54
    5.13 Leben für mehrere 54
    5.14 Materialisiert 55

6. Missverständnisse 57
    6.1. Der Zwilling bleibt 57
    6.2. „Nur mit dir" oder „Nicht ohne dich" 57
    6.3. „Jemand muss mir die Liebe wieder bringen" 57
    6.4. „Du bist mein ganzer Sinn" 58
    6.5. „All das ist nur mit dir möglich" 58

- 6.6. Das Versprechen 59
- 6.7. „Ich warte auf dich" 59
- 6.8. „Ich bin schuld an deinem Tod" 60
- 6.9. „Wenn ich nehme, dann stirbt einer" 61
- 6.10. „Du bist tot, weil ich dich nicht halten konnte" 61
- 6.11. „Ich würde für dich sterben" 62

7. Gesetzmässigkeiten 65
   - 7.1. Heimat oder Seelenebene 66
   - 7.2. Zeugung 68
   - 7.3. Begleitung 70
   - 7.4. Bindung und Verbindung 71
   - 7.5. Zwillings-Konstellationen 72
   - 7.6. Inkarnation und Lebensaufgabe 76
   - 7.7. Leben und Sterben verbunden durch die Liebe 80

8. Wie aus dem Trauma ein Segen wird 83
   - 8.1. Das „Ja zum Leben" in der Zeugung 85
   - 8.2. Das Beziehungsgefühl erleben und verankern 88
   - 8.3. Den Abschied freiwillig vollziehen: loslassen statt verlassen werden ... 92
   - 8.4. Den eigenen Platz einnehmen 99
   - 8.5. Der Kontakt mit der Mutter 102
   - 8.6. Ressourcenbilder und Verabschiedungsritual 104

9. Künstlerische Verarbeitung 107

10. Partnerschaftsthemen 125

11. Beispiele mit Kindern 133

12. Was Eltern für ihre Kinder tun können 137

13. Einheit mit der Mutter 143

14. Danksagung 149

15. Literaturverzeichnis 151

1. Vorwort und Einleitung

Der Zwilling als Seelenbegleiter, der uns hilft den Schritt zu wagen aus der jenseitigen Welt in das irdische Dasein zu unseren Eltern, ist ein zentrales Thema in der pränatalen Psychologie und Psychotherapie. Dieser Schritt ist von einer Tragweite, wie wohl kein anderes Ereignis ausser unserem Tod: Wenn wir uns entscheiden, den göttlichen Ursprung zu verlassen, um einen neuen Lernschritt zu wagen in diese Welt. Diese Entscheidung ist deswegen von einer immensen Tragweite, weil wir von der pränatalen Psychotherapie heute davon ausgehen, dass die Seele bei diesem Trennungsprozess hellsichtig ist und weiss, was sie im künftigen Leben erwartet. Deswegen auch kommen die meisten Menschen mit einem solchen Seelenbegleiter aus der jenseitigen Welt, um uns diesen schwierigen Übergang, diese Entscheidung zu erleichtern. Vergleichbar ist dieser Schritt nur mit dem Tod, wenn wir bereit sind unser Leben abzuschliessen, um ins Jenseits, in unsere Heimat zurückzukehren.

Es ist eine traurige Erfahrung für alle Menschen, wenn dieser Seelenbegleiter, mit dem wir uns so innig und wortlos verbunden fühlen, uns in den ersten Stunden, Tagen oder Wochen nach der Zeugung wieder verlässt, wenn seine Aufgabe erfüllt ist und wir uns entschieden haben, in dieser Welt, bei diesen Eltern zu bleiben. In den letzten zehn Jahren sind vier Bücher über den verlorenen Zwilling erschienen, von Norbert Mayer (1998), Claude Imbert (2003), Alfred und Bettina Austermann und schliesslich Evelyn Steinemann (2006). Nun hat Barbara Schlochow ein weiteres Buch zu diesem Thema verfasst. Barbara ist praktisch unbelastet von Theorien und hat vor allem sich selbst beobachtet und dies mit grosser Intensität. Zudem hat sie genau protokolliert, was Menschen erzählt haben, die ihre Hilfe suchten. So ist ein erfrischende Buch entstanden, ganz aus der gelebten Praxis, aus dem Alltag von Menschen, welche von so einem Zwilling aus dem Jenseits herüberbegleitet worden sind. In jeder Hinsicht ist das Buch von Barbara Schlochow eine Fundgrube, ja eine „Entdeckung": Ich habe noch selten ein Buch gelesen, das so subtil den Beginn des Lebens zu schildern vermag. Wir pränatalen Therapeuten „leiden" alle unter dem Mangel an Worten, um solch frühe Erfahrungen zu beschreiben. Authentisch kann dies eigentlich nur auf der Körperebene nachempfunden werden. Neben ihren sensiblen Schilderungen unternimmt Barbara Schlochow den Versuch, diese frühen Seins-Zustände in Gedichte zu kleiden, um die Gefühle an unserem Lebensanfang zu schildern. Fast bin ich geneigt zu sagen: Solche Erfahrungen am Lebensanfang können nicht anders als in Gedichtform erfasst werden. Und die Gedichte von Barbara sind von einer unglaublichen Dichte. Ich empfehle dieses Buch wärmstens allen Menschen, die sich für pränatale Psychologie und Psychotherapie interessieren, die den Ursprung unserer Trauer kennen lernen möchten, die Quelle all unserer Sehnsucht und die Wurzel unserer Liebesfähigkeit.

Franz Renggli

Der goldene Augenblick

Einst vor langer Zeit ereignete sich
das Zusammentreffen von dir und mir,
von jetzt und später,
von Ei und Samen,
von hier und jetzt,
und verband sich in einem Nu
zum Neuen,
dem Dritten,
dem Gemeinsamen,
das ganz eigen ist.

Was auch immer es sein mag,
was da entsteht,
es ist einzigartig.
Es entsteht im richtigen Moment
zu eigener Schöpfungszeit.
Sei es ein Kind,
eine Idee, ein neues Projekt,
eine Vision oder auch ein Buch -
was auch immer schöpferisch aus dir hervorgegangen sein mag!
Das bist du.
Das warst du,
denn es bekommt ein Eigenleben,
in dem Augenblick,
dem goldenen Augenblick,
in dem es geschöpft wird und dann ganz sich selbst ist!
Willkommen in der Welt - du Neuheit!
Du neues Sein!
Egal in welcher Form,
ob du sie veränderst oder behältst,

ob du gehst oder bleibst.
Du bist ein Teil des Ganzen,
ein Teil des Kosmos
und trägst ihn als solches in dir!
Ein Augenblick, der alles verändert -
ein goldener Augenblick eben!

Barbara Schlochow, Februar 2007

Lieber Leser, liebe Leserin

dieses Buch ist kein Sachbuch der üblichen Art. Es wird Sie mitnehmen auf eine Reise in die Welt der Entstehung. Sie werden die Möglichkeit haben, aus verschiedenen Blickwinkeln das Thema Zeugung, Schwangerschaft, Zwilling, Tod und Geburt zu betrachten und auch zu erleben, wenn Sie innerlich eintauchen. Erlebnistexte in der Ichform wechseln ab mit Passagen der Erläuterung, mit Gedichten und Erfahrungen aus der Sicht meiner Klienten. Vielleicht sind Sie Therapeut oder Therapeutin, begleiten Betroffene in Ihrer Praxis und finden hier Hinweise auf ihre Themen; vielleicht sind Sie einer der vielen Menschen mit einem verlorenen Zwilling, vielleicht sind Sie einfach interessiert an Schwangerschaft und Geburt. Ich freue mich, wenn diese Welt Ihr Herz berührt, wenn es Sie inspiriert zu Gedanken und Taten.

Ich wechsle jetzt vom erwachsenen „Sie" zum „du". Denn die Ebenen, in die wir zusammen gehen, betreffen und berühren die Seele und auf dieser Ebene sind wir alle gleich. Nichts wäre hier fremder und unpassender als ein distanzierendes „Sie". Lass uns eine Entdeckungsreise unternehmen von der seelischen Heimat, aus der wir kommen, bis hinein in die körperliche und emotionale Verankerung im Körper, in der wir unsere Lebensreise antreten. So hast du Gelegenheit, dich ganz hineinzuversetzen und mitzuerleben, wie unsere Seele den Beginn des Lebens erfährt. Erkenntnisse aus vielen Beschreibungen von Klienten und meine eigenen Erfahrungen fliessen hier ineinander, um die Zustände fühlbar zu machen, die ganz viele (nicht alle) Menschen so erleben. Dann beschreibe ich die Symptome und Auswirkungen eines verlorenen Zwillings auf das Leben des Zurückbleibenden, auch dort kannst du dich wiederfinden. Die Gesetzmässigkeiten im menschlichen Werden vertiefen dein Verständnis des Traumas und des darauffolgenden Dramas in der Lebenskonsequenz. Im Kapitel „Wie aus dem Trauma ein Segen wird" eröffnen sich dir die Schritte der Erlösung, die jeder Betroffene in seinem Tempo machen kann.

Beispiele aus der Arbeit mit Müttern und Kindern und die Verarbeitung in verschiedenen Kunstrichtungen runden das Bild ab. Doch beginnen wir nun mit den medizinischen Hintergründen, die ich bewusst kurz fasse.

2. Die medizinische Bedeutung

Wenn jemand davon spricht, dass er einen verschwundenen Zwilling im Mutterleib hatte, dann bedeutet es, dass er am Anfang der Schwangerschaft, in den ersten Tagen oder Wochen, nicht alleine in der Gebärmutter war. Normalerweise weiss eine schwangere Frau das nicht. Die meisten Zwillinge sterben, bevor die Mutter überhaupt weiss, dass sie schwanger ist. Der Nachweis von Mehrlingsschwangerschaften ist erst seit der routinemässigen Anwendung des Ultraschalls erbracht. Früher wurde nur der Schwangerschaftstest herangezogen, der auch nach einer Blutung noch positiv war. Ab der 5./6. Schwangerschaftswoche kann man per Ultraschall Mehrlinge nachweisen.

In meiner Hebammenzeit war die übliche Praxis, dass der Gynäkologe einer Schwangeren erst im dritten Monat mitteilte, dass sie zwillingsschwanger war, auch wenn er es vorher auf dem Ultraschall gesehen hatte. Die Erfahrung zeigte, dass von den Mehrlingsschwangerschaften nur ein kleiner Prozentsatz übrig bleibt. In den meisten Fällen verschwinden eines oder mehrere Embryonen bis zum nächsten Ultraschall. Manchmal lässt sich bei der Mutter eine Blutung feststellen. Über die Wahrscheinlichkeit liegen unterschiedliche Zahlen vor. Evelyn Steinemann spricht in ihrem Buch von ca 20%. Alfred und Bettina Austermann schätzen nach ihren Untersuchungen, ca. 10% aller Menschen haben einen verlorenen Zwilling. Alle drei Autoren haben die medizinischen Grundlagen sehr gut recherchiert und so verweise ich dich darauf, wenn du mehr über die biologisch medizinische Nachweismöglichkeit wissen möchtest.

Weil der Beginn einer Schwangerschaft und damit auch der Entbindungstermin über den Zeitpunkt der letzten Blutung errechnet werden, bevor man sie per Ultraschall verifiziert, gibt es oft Unklarheiten darüber. Denn eine Blutung kann schon eine „Abortblutung des Zwillings" gewesen sein und nicht mehr nur eine normale Regelblutung. Ich vermute, dass so manche Schwangerschaftsunklarheit darin begründet liegt.

Medizinisch gesehen ist diese Tatsache nicht relevant; im Falle einer Blutung im ersten Drittel wird nur Bettruhe verordnet, denn aufzuhalten ist ein drohender Abort nicht. Psychologisch jedoch ist dieses Ereignis sehr bedeutsam. Denn obwohl in den ersten Wochen die körperlichen Anlagen des Embryos noch nicht so weit entwickelt sind, berichten Klienten, dass sie neben sich oder in der Nähe einen anderen Embryo wahrnehmen, mit dem sie meist über Gedanken oder Gefühle kommunizieren. Sie beschreiben diese Kommunikation als energetisches Phänomen, ein Erspüren oder ein Austausch von Gefühl. Zwischen den Geschwistern besteht eine Verbindung und eine Bindung, die seelischer Natur ist. Klienten beschreiben Gefühle von Eins sein, tiefer Verbundenheit, tiefer Liebe, Verständnis ohne Worte, Harmonie, Ruhe, Verschmelzen. Diese Gefühlserfahrungen werden als Prägung, als erste Lernerfahrung im Körper gespeichert. Wenn der Zwilling dann stirbt, bedeutet das einen grossen Verlust für den Überlebenden, Schmerz, Ohnmacht, bis zum Wunsch, sterben zu wollen. Manche berichten, sie fallen in einen schockähnlichen Zustand. Dieses Geschehen wird zum Trauma.

3. Meine eigene Zwillingsgeschichte und woher die Leidenschaft kommt

Wenn ich nicht selbst an Körper und Seele erfahren hätte, welche Konsequenzen das Trauma des verlorenen Zwillings im Leben und Lieben hat und welche Möglichkeiten sich eröffnen, wenn Missverständnisse geklärt werden - ich würde nie mit solcher Leidenschaft mit Klienten an diesem Thema therapeutisch arbeiten, geschweige denn ein Buch schreiben! Als Hebamme hatte ich ein grosses Interesse an vorgeburtlichen Erlebnissen und ihren Auswirkungen auf das spätere Leben, aber ich hatte keine Idee, dass ich selbst davon betroffen sein könnte - ich hatte ein rein medizinisches Interesse. So stiess ich dann auch mehr zufällig auf meine eigene Betroffenheit.

Als Mensch und Therapeutin bin ich Praktiker. Als Frau habe ich die Abgründe dieses Traumas kennen gelernt, durchlitten und letztendlich die Liebe hinter all dem gefunden - in mir!

Dass ich einen Zwilling haben könnte, ist zum ersten Mal bei einem Familienstellen Seminar bei Norbert und Nora Mayer aufgetaucht. In einer Runde wurde nur davon gesprochen und aus heiterem Himmel liefen mir Tränen hinunter. Ich bekam eine Sehnsucht, so gross, wie ich sie seit der Pubertät nicht mehr gekannt hatte. Zwei Monate später arbeitete ich mit Nora in Form einer Rückführung am Verlorenen Zwilling. Das Wesentliche dieser Arbeit erinnere ich so: Ich fand mich am Beginn in einer Art Höhle, in der ich nicht alleine war. Ich hatte keinen Körper sondern eine energetische Gestalt. Ich lag dort zum Ausruhen und fühlte mich geborgen und hätte noch lange dableiben können. Da tauchte eine Gestalt auf, um mich abzuholen. Ich wollte noch bleiben, doch diese Gestalt mit männlicher Energie insistierte. Wir verliessen die Höhle und gingen über eine Art Hochebene. Ich fühlte, dass es grundsätzlich richtig war zu gehen, doch wollte ich nicht. Mit uns gingen auch andere in dieselbe Richtung. Wir kamen an einer Art Absprungrampe an, wo eine dritte Gestalt, mit weiblicher Energie, wartete. Etwas zog mich hinunter, ich sträubte mich, hatte Angst, war sehr froh um die

Begleitung. Nach dem freien Fall setzte ich an einem hellen Ort auf, plumpste in etwas hinein, das warm war und sofort begann, sich zu bewegen. Ich fühlte mich getragen, wie in einer Sänfte geschaukelt. Plötzlich wurde der Hebamme in mir klar, dass das die Bewegung der Fimbrien des Eileiters sein mussten. Mein „Transportmittel" bewegte sich ohne Unterlass, wie eine Drehung, und in sich bewegte sich auch alles. Was ich da wahrnahm, war die Zellteilung. Diese Bewegung hatte etwas ungeheuer Dynamisches, Kraftvolles und auch sehr Unruhiges. Irgendwann gelangte ich zu einem abgedunkelten, abgeschlossenen Raum und nach kurzer Zeit kam ich zum Stillstand. In all der Zeit hatte ich keine Wahrnehmung von meinen Geschwistern. Ich war wie auf einem Roll- oder Fliessband unterwegs und gefangen genommen von der steten Bewegung. Erst als ich in der Gebärmutter ankam, fühlte ich rechts und links von mir Wärme und eine vertraute Nähe. Im Körper fühlte ich mich beengt, doch meine Aufmerksamkeit war bei der männlichen Energie. Das Weibliche nahm ich nur am Rande wahr. Erst später erkannte ich die Tragweite dieser weiblichen Gestalt, die wie eine Lehrerin darüber wachte, wie der Bruder mich begleitete. Zu ihm hatte ich ein Gefühl, wie ich es mir immer erträumt hatte: die grosse Liebe. Vertraut, verbunden, heiter, innig, erfüllt. Anfangs sind wir nur nebeneinander gelegen, zusammen geschmiegt und haben wie über Funk kommuniziert.

Später als wir grösser waren und uns bewegte, hatten wir viel Spass, uns gegenseitig beim Wachsen zuzusehen. Wie dieses Ding „Körper", plötzlich und doch wie in Zeitlupe, sich in die Länge zog und komische Auswüchse bekam. Die Stimmung war heiter, lustig und wir amüsierten uns köstlich.

Irgendwann verschwand die weibliche Energie. Ich habe es wohl wahrgenommen am Rand, aber es hat mich emotional nicht berührt. Der Bruder an meiner Seite war mein Fokuspunkt, war alles, was meine Aufmerksamkeit band. Erst viel später in meiner Therapie beschäftigte ich mich mit ihrem Sterben, denn an dieser Stelle weigerte ich mich schlicht, dahin zu fühlen. Kurz darauf stellte ich mit körperlich fühlbarem Schreck fest, dass ich ihn im Wachstum überholt hatte. Überholt heisst, dass ich plötzlich grösser war als er. Ausserdem war er seltsam zurückgezogen, nicht mehr lustig und nicht mehr im Kontakt mit mir. Mich erfasste eine Panik, als ob ich im selben Moment realisierte, dass auch er stirbt. Angst, Ohnmacht, Verzweiflung, Halten wollen, Tränen. Ich weinte herzzerreissend, wollte ihn nicht gehen lassen. Nora ermutigte mich, im Dialog zu bleiben, bis ich ihm danken konnte. Sein Körper verschwand, als ob es ihn wegzog, aber da war seine Seele schon weg. Ich sah sie aufsteigen wie in einem schmalen Tunnel. Der Platz, wo er gewesen war, war zwar frei, aber ich sparte ihn bis zuletzt auf. Es war sein Platz und ich konnte ihn nicht einnehmen.

Die restliche Schwangerschaft habe ich sehr unterschiedlich erlebt. Zum Teil einsam, zum Teil fasziniert von dem, was da draussen vor sich ging, zum Teil im Trotz. Wir passierten in diesem ersten Abschnitt die Geburt im Schnelldurchgang. Was ich jedoch wahrnahm, war meine vehemente Weigerung, herauszukommen, meine Weigerung nach der schwierigen Geburt in den Körper zu gehen, meine Weigerung zu atmen. Sterben stand nicht zur Diskussion, ich beobachtete von der Zimmerdecke des Gebärsaals wie der Arzt meinen Körper reizte, um mich zum Atmen zu bewegen. Ich spürte genau, dass es nur eine Frage der Zeit war und ich dem nicht entkam. Die Haltung des Arztes liess es nicht zu. Ich sträubte mich solange ich konnte und liess mich dann in den Körper hineinziehen. Dort angekommen war ich völlig erschöpft.

In weiteren Therapiesitzungen kam die gefühlsmässige Beziehung zur Schwester zum Vorschein. Nach dieser Arbeit verstand ich endlich, was ich in meinen Partnerschaften gelebt und wiederholt hatte.

Seit der Pubertät träumte ich von genau diesem innigen, verbundenen, selbstverständlichen Gefühl mit einem Partner. Als ich meinte, dieses Gefühl und damit den Mann gefunden zu haben, war er weit weg und die Beziehung dauerte nur ein Jahr. Damals stand für mich fest: Das war jetzt deine grosse Liebe! Später begegnete mir ein Mann, auf den ich dieselbe Erinnerung übertrug. Diese Verbundenheit und Innigkeit hielt mich lange in einer Dreiecksbeziehung. Die Konstellation war genau wie im Mutterleib: Er war mein Mittelpunkt und ohne ihn machte nichts

Sinn. Abhängigkeit hielt mich jahrelang in dieser auch schmerzhaften Beziehung. Meine Angst vor dem Verlust, das Ihn - um - alles- in - der- Welt - halten - wollen, die Weigerung, ohne ihn nicht sein zu wollen, meine suizidalen Phasen, machten jetzt Sinn. Die Anwesenheit der weiteren Frau war wichtig einerseits und andererseits emotional sehr schwierig! Die Fixierung auf ihn war die gleiche wie am Beginn meines Lebens. Die Integration der vorgeburtlichen Erfahrung ging nach der Therapie zwei Jahre. Bis dahin tauchten die Gefühle immer wieder auf und ich löste sie in der jeweiligen Situation, indem ich den Einzelheiten auf den Grund ging.

Erst als ich die Abhängigkeit im Mutterleib aufgelöst hatte, konnte und wollte ich mir ein Leben ohne diesen Partner vorstellen. In schwierigen kleinen Schritten vollzog ich die Trennung und erlebte dann zwei Jahre alleine. In dieser Zeit integrierte sich der Teil der pränatalen Einsamkeit: Es ging darum, die Erfahrung zu machen, dass ich alleine sein konnte, ohne mich einsam zu fühlen, ohne das Gefühl, das mir dauernd etwas fehlte - einfach sein zu können mit mir und dennoch verbunden mit der Welt. Der nächste Schritt auf dem Weg war das wirkliche Einlassen auf einen neuen Mann. Beziehung anders zu gestalten, als es bisher war: Nicht ihn zum Lebensinhalt zu machen, sondern meinem Lebensinhalt zu folgen und eine Liebesbeziehung zu leben. In dieser neuen Partnerschaft kann ich nun seit Jahren die Früchte der Arbeit ernten: Der Schatz unter dem alten Trauma ist geborgen und entfaltet seine Schönheit. Vom Trauma zum Segen ist meine Botschaft an die Menschen, die mit mir an pränatalen Traumata arbeiten: Am Anfang war Liebe. Oder wie Nena singt: Weil am Anfang von allem immer die Liebe ist!

Im folgenden Kapitel tauchen wir zusammen in die Erlebniswelt der Seele ein, die in den Körper kommt und Mensch wird. Alles, was du hier liest, haben viele Menschen erlebt, gefühlt und beschrieben. Obwohl es in der „Ich Form" und von mir geschrieben ist, ist es nicht meine Entstehungsgeschichte, sondern es gibt dir die Möglichkeit, dich darauf einzulassen, als wäre es deine. Damit du dich gut einfühlen kannst, ist sie in diesen Worten und in der Gegenwartsform geschrieben.

4. Reise zum Beginn des Lebens

4.1. Die Heimat, aus der wir kommen

Um mich ist Weite und Helligkeit. Ich befinde mich in einem Zustand von Grenzenlosigkeit. Schwebend bewege ich mich. Ich, das ist Geist, durchlässig, unsichtbar, ohne feste Gestalt, Energie, Bewusstsein. Ich bin weder gross noch klein. Leichtigkeit und Sein regieren diesen Ort. Ich kann alleine sein, ohne daran zu leiden, denn hier gibt es keine Emotionen. Ich bin im Kontakt mit anderen Seelen, Vertrauten einer zeitlosen Zeit. Das Erleben auf dieser Seelenebene ist unmittelbar, alles fliesst. Wir sind eins, ich spüre mich und bin doch mit dir. Ich dehne mich aus und gleichzeitig ist da kein Ich. Weite, Schönheit, Kontakt, Frieden, Ruhe, Heiterkeit, Farben, alles ist in Bewegung, nichts ist fern, alles da ohne Emotion. Zeit spielt keine Rolle. Worte existieren nicht, Kommunikation findet direkt statt, nichts bleibt verborgen. Es gibt keine gesetzten Grenzen, alles dehnt sich aus bis an den Rand des Bewusstseins und darüber hinaus. Die Seelengruppe oder Seelenfamilie ist nah. Die Vertrauten dort haben kein Gesicht, sie sind spürbar in ihrer unverwechselbaren Schwingung. Unterschiede in Reife und Aufgabe sind fühlbar. Die Ruhe, die diesen Raum auszeichnet, kommt aus der Klarheit. Alles ist offensichtlich, ein friedliches Miteinander. Es ist nur zu fühlen, kaum zu beschreiben. Sein, es gibt nichts zu tun, es gibt keine Gedanken, keine Worte, keine Emotionen, einfach sein, pures Sein – ein Zustand. Alles, worauf ich meine Aufmerksamkeit richte, verbindet mich damit. Ich denke daran und schon bin ich dort. Alles ist mit allem verbunden, ist getragen von Respekt und liebevollem Umgang: klare Nüchternheit und Wärme ohne rosa Wolken. Wertung und Urteil sind überflüssig. Es gibt keinen Vergleich. Es ist, was ist. Das ist der Ort der Heimat, die Seelenebene. Ein Raum, der sich uns öffnet, im Werden, im Sterben, im Sein, wenn wir uns ausweiten an die Grenzen unserer Welt. Ein schmaler Grat trennt die Welten. Gleichzeitig liegen sie nebeneinander, ineinander. Wenn du die Grenze kennst, kannst du sie mühelos überschreiten, dann bist du in beiden Welten zuhause.

4.2. Absprung oder Zeugung

Innerlich vernehme ich einen Ruf, höre eine Stimme oder fühle, dass mich etwas anzieht, mich unweigerlich in eine Richtung zieht. Alles fühlt sich leicht an, selbstverständlich. Ich erreiche eine Klippe, eine Kante, einen Tunnel oder ein Loch tut sich vor mir auf. Und mit einem Mal spüre ich Angst, als wüsste ich, dass sich etwas ändert. Meine Gelassenheit verfliegt, die Weite schrumpft zusammen auf einen Kern in mir. Mein Ego ist geschaffen, ich zaudere, ich zögere, ich sträube mich, ich wehre mich. Trotz oder Angst - egal, hier will ich bleiben! Von Bewusstsein keine Spur, alles was ich grad noch wusste, ist jetzt weg, zusammengeschnurrt in der Enge, die die Angst erschuf. Irgendwo da drin, da muss sie sein meine Weisheit meiner Seele, wofür ich gehen sollte in dieses Loch, in diese andre Welt. Etwas erfahren, mich erfahren, mich verschenken - was war da noch? Hatte das Ganze einen Sinn? Je grösser das Wehren, desto verschütteter die eigentliche Aufgabe. Je grösser die Angst, desto kleiner die Wahrnehmung der Wahrheit. Ich fühle eine Gegenwart bei mir, ich sehe sie nicht, spüre sie höchstens: ruhig, gelassen, sie weiss worum es geht - im Gegensatz zu mir. Indem sie einfach ist, macht sie mir Mut. Ein Band ist da, ich hab Vertrauen, mit ihr, mit dieser Seele bin ich wohlbehütet. Ich bin ganz bei ihr und habe kein Gefühl, wofür ich irgendwohin reisen sollte. In meiner Unsicherheit klammere ich mich innerlich oder äusserlich an sie, gehe davon aus, wenn sie da ist, ist alles gut. Es interessiert mich schlicht nicht, warum sie jetzt gerade hier ist - wohl damit sie bei mir bleibt. Ein Sog erfasst mich, zieht mich hinweg, ich lasse mich fallen.

Nicht weg von hier!

Leicht, verbunden, fliessend, weit
So bin ich mit euch Seelen,
die ich kenne seit Äonen.
Begleiten uns
Im Diesseits wie im Jenseits.

Vereint im Reigen der Vertrauten,
höre ich den Ruf
zu starten in die andre Welt.
Richtig ist es, diesem Ruf zu folgen,
des Herzens Aufgabe zu vollenden -
mit Hingabe, Demut und Gelassenheit.

Doch plötzlich überfällt mich grosse Angst,
nicht weg von hier!
Immer will ich bei euch bleiben,
allein, getrennt zu sein von allen, die dazugehören,
bereitet Schmerz und Trauer.
Trotzig widersetze ich mich dem Sog, der mich ergreift,
doch leider ohne Resultat!
Ohnmacht, stilles Geschrei und ein Trotz so gross
dass er mich fast verschlingt!

So zieht es mich hinweg
entlang der Dunkelheit
und alles Wehren ist umsonst

Doch hinter mir erfühle ich
vertraut und warm,
die Seele einer Schwester.

Du begleitest mich,
gibst Halt und Sicherheit,
um einzutauchen in das grosse kleine Ding,
das künftig Heim und Heimat mir soll sein.
Sie nennen es den Körper.

Mit dir an meiner Seite kehrt Ruhe ein.
Was immer auch geschehen mag,
ein Teil des Himmels ist bei mir
und trägt.

Barbara Schlochow, Februar 2002

4.3. Ankommen und Zeit mit dem Zwilling

Nach dem Fall befinde ich mich in etwas, das mich umgibt. Es ist so klein für meine seelische Ausdehnung, dass ich mich daran erst gewöhnen muss. Ich sitze in einer Kapsel, die sich dreht. Innen und aussen, überall ist Bewegung. Aussen werde ich langsam bewegt, sorgsam wie auf Händen getragen, weitergereicht, wie in einem rohen Ei. Diese Bewegung fliesst und hält mich. Bewegung ist auch in mir und dem Körper, der mich umgibt. Er bewegt sich. Warm hält er meine Aufmerksamkeit gefangen. Nach einer Weile komme ich an, ruhig ist es aussen und dann nehme ich dich wahr. Jetzt fühle ich dich an meiner Seite, warm, vertraut. Ich fühle mich gehalten, so, als würde Ruhe einkehren nach einem Sturm. Meine ganze Aufmerksamkeit ist bei dir. Meine Seele dehnt sich über den Körper hinaus aus, verschmilzt mit deiner. Innigkeit, Liebe, jetzt ist es so wie zuhause. Du bist meine Welt, ohne dich wäre ich nicht hier, hätte den Schritt nie gewagt. Du bist da und alles ist gut. Mein Körper verändert sich ständig, langsam und unaufhaltsam. Ich gewöhne mich daran. In mir ist Ruhe, Gelassenheit, Liebe, Einsein, einfach Sein. Im Laufe der Zeit rücken wir auseinander, über unsere Seelen sind wir verbunden, meinen Körper nehme ich kaum wahr. Mit dir fühle ich mich stärker verbunden als mit meinem Körper. Die Stimmung ist heiter und was immer ich spüre, spürst du auch. Mit mir ist es genauso, jede Stimmung, die du hast, nehme ich wahr. Wir tun nichts und doch fühlt es sich manchmal an wie Lachen. Wir schauen uns gegenseitig beim Wachsen zu, beobachten, wie sich seltsame Gebilde aus uns heraus entwickeln, wie im Spiegelbild. Unsere Körper liegen ruhig aneinandergekuschelt, seelisch tanzen oder fliessen wir durch den Raum, entdecken uns mit Leichtigkeit. Das Aussen existiert nicht. Noch sind wir unbeobachtet, keiner weiss, dass es uns gibt. Alles ist langsam und doch in ständiger Bewegung. Ich bin auf dich bezogen, mein Bewusstsein ist ganz bei dir, alles andere ist vergessen. Ich fühle mich mit dir verbunden. Die Liebe, die ich spüre ist so selbstverständlich, so fraglos, dass sie kaum auffällt. Leichtigkeit, Weite, Verbundenheit, Wahrnehmung. Das Glück ist vollkommen. Frieden, Harmonie und Liebe. Es ist alles in allem. Dieser Zustand fliesst in meinen Körper, nährt meine Zellen, ist Grunderfahrung meines körperlichen Seins, ist Grundsubstanz meiner Seele, wie die DNA meines Körpers. Es ist meine erste Erfahrung im Körper, meine erste Erfahrung von Beziehung oder Bezogensein und Kontakt. Wir kommunizieren. Auch wenn ich schwer ausmachen kann, wo deine Seele beginnt und meine aufhört, gibt es einen Teil, in dem nur ich schwinge. Ich nehme jede Veränderung wahr. Nichts was in mir ist entgeht deiner Wahrnehmung. Die Schwingung überträgt sich durch subtile Änderungen der Energie, der Vibration. Es gibt kein Geheimnis zwischen uns. Wir beide sind. Alles ist gut, wie es ist.

Sein mit dir

Sein mit dir
Leicht, verbunden, innig
Ohne Zeit in einem Raum
Einfach sein
Eins sein

Sein mit dir
Ruhig zusammengekuschelt liegen
Alles fühlen, was ich bin,
was du bist
was in mir ist,
was in dir ist,
alles, was ist

Sein mit dir
Ist meine Welt
Mein Fühlen
Mein Erleben
Mein Leben

Sein mit dir

Barbara Schlochow, 20. November 2004

4.4. Verlassen werden

Körperlich habe ich den Eindruck, plötzlich bin ich grösser als du. Ich bin gewachsen, du auch oder bist du kleiner geworden? Irgendwann bemerke ich, dass du ruhiger bist, als sonst. Die Leichtigkeit fehlt. Du ziehst dich zurück, es gibt einen Teil, wo ich nicht bin. Du hast ein Geheimnis. Was passiert mit dir? Du gibst keine Antwort. Unruhe steigt in mir auf, Aufregung, ich versuche, mit dir in Kontakt zu kommen. Ich spüre dich, weiter als sonst, ganz ruhig, etwas traurig, schwer, einverstanden. Da ist kein Wehren, das ist kein Leid. Ich verstehe nicht, ich kann nur erfassen, dass etwas geschieht, was bedrohlich wirkt. Ich habe Angst. Rot, alles in mir fühlt sich rot an, es tut weh, obwohl ich nicht weiss, was weh tut. Ich bin nicht im Kontakt mit dir. Du bist noch da, aber etwas stimmt nicht. Ich versuche dich zu halten, dir Energie zu geben, ich versuche, Einfluss darauf zu nehmen, was geschieht. Nichts ändert sich. Die Angst ist riesengross. Ich ahne, ohne zu wissen, was es bedeutet. Du scheinst ganz ruhig zu sein, so als wäre es richtig. In mir schreit es! Ohne dich will ich nicht sein! Ohne dich kann ich nicht sein! Ich höre auf zu atmen. Meine Aufmerksamkeit ist ganz bei dir und gleichzeitig geht alles nach innen. Ich ziehe mich zurück. Abgeschnitten, isoliert, in Aufregung, alles schreit, verkrampft, Angst, schwarz. Alles ist zusammengebrochen, nichts ist mehr wie es war. Ich „sehe" deinen Körper, er fühlt sich leer an, eine Hülle ohne Leben. Deine Seele ist entwichen. Wo bist du? Ich habe gespürt, wie du gegangen bist, als hätte es dich weggezogen. Dein Körper verfällt langsam und löst sich auf, energetisch aber besetzt er den Platz.

Noch lange nachdem du weg bist, ist dieser Platz besetzt - es ist dein Platz. Es kostete mich den Raum, den ich nicht nehmen kann. Ich bin ganz taub. Es ist schwarz in mir und um mich. Ich schlafe, bekomme überhaupt nichts mit. Ich suche dich, ich vermisse dich. Ich bin rastlos, obwohl meine Körper völlig ruhig ist. Verzweiflung, Einsamkeit, verloren, ohne Sinn und mein Körper entwickelt sich weiter. Ich will dorthin, wo du bist. Ich spüre dich weit weg, so als würdest du beruhigend auf mich einsprechen. Ich will zu dir. Ich weiss, wo du bist, aber ich finde den Weg nicht, ich kann nicht dorthin kommen. Obwohl ich manchmal in meinen Träumen bei dir bin, kann ich den Körper nicht endgültig verlassen. Ich weiss einfach nicht, wie das geht. Nichts interessiert mich, nichts erreicht mich jetzt ausser deiner Schwingung. Zwischen betäubt, innerlich tot und in heller Aufregung, ist dieser Zustand äusserst anstrengend. So alleine war ich noch nie. Ich habe keinen Zugang zu meinen Erfahrungen mit dir. Jetzt ist nur noch das Jetzt. Ich bin verlassen, ich fühle mich verraten. Ich bin nur wegen dir hierher gekommen, jetzt bist du weg. Meine Gefühle wechseln sich ab: Ohnmacht, Trauer, Sehnsucht, Wut. Ich bin völlig beschäftigt mit mir und nehme nichts anderes wahr, es interessiert mich auch nichts. Ich versinke, bin verloren.

Verloren

Vertraut und in Verbindung - so soll es immer sein.
Doch mit einem Mal
fühlt es sich anders an.
Verschleiert, als wär' etwas dazwischen
Erreich' ich dich nicht mehr
Ein Unterschied, den ich noch nie gespürt

Langsam, fast unmerklich beginnst du zu entgleiten,
wirst kleiner
als würde ich dich überholen mit meinem Wachstum.
Ich will das nicht!
Mein Weg führt weiter,
du bleibst zurück.

Immer ruhiger wird es um dich,
dein Lachen fehlt,
dein Geist verlöscht,
deine Seele schwindet,
du entgleitest mir!

Mein Herz geht zu,
mein Atem stockt,
ich wehre mich,
mein Schrei verhallt -
du hast ihn schon nicht mehr gehört!

Weg von hier, dir nach
Wo bist du?
Verzweiflung
Schmerz
Aufruhr
Panik

Ich will nicht mehr,
will weg von hier
will hin zu dir.

Ohnmacht, Wut,
Verlassensein
Sterben will ich
Stell' mich tot,
verloren bin ich,
weil du für mich verloren bist.

Barbara Schlochow, 25. November 2004

4.5. Die Zeit danach alleine

Lange Zeit vergeht. Irgendwann wache ich auf aus diesem Alptraum. Ich spüre den Körper, ich erinnere mich an dich, langsam vergeht der Schmerz, verschwindet in der Vergangenheit. Ich sehne mich nach dir, aber die Erinnerung an dich verblasst. Ich spüre deine Seele, so als sprächest du zu mir. Es ist eine geistige Verbindung. Ich taue auf. Ich kann meinen Körper bewegen, nicht besonders gezielt, eher zufällig. Aber ich habe Gefallen daran, dass er sich bewegt. Er verändert sich noch immer ständig. Meine Aufmerksamkeit ist jetzt dort. Immer noch schiebt und zieht sich alles auseinander, wie ein gewaltiges Dehnen und Strecken. Es ist angenehm, doch auch sehr präsent. Ich ziehe mit meinem Gewahrsein erst langsam in die Einzelteile ein, so als würde ich Stück für Stück dieses Haus bewohnen. Meine Stimmung ist heiter, ich bin auf mich bezogen, sehr sinnlich, ich beschäftige mich mit mir. Der Reichtum an Veränderung und die Vielfalt scheinen mir unerschöpflich. Selbstvergessen habe ich Spass daran, so als wäre es immer neu.

Bis jetzt kam von aussen gar nichts. Ich war noch nicht entdeckt. Doch nun spüre ich Energie nach unten fliessen. Sie geht nicht direkt zu mir, eher in meine Richtung. Meine Mutter hat entdeckt, dass sie schwanger ist, aber sie hat mich noch nicht entdeckt! Sie freut sich, das kommt in Form von Wellen bei mir an. Das ist eine Abwechslung in meinem Sein und dadurch wird es auch lebendig. Ab da kommt immer wieder eine Energiewelle von oben, sie fliesst an mir vorbei. Es ist als käme dir jemand mit einem Blumenstrauss entgegen und du freust dich, er sieht dich nicht und geht an dir vorbei. „Hallo, ich bin doch da!" Meine Mutter ist mit mir als Wesen oder Seele noch nicht in Verbindung. Sie spricht über mich, statt mit mir.

Langsam nehme ich sie wahr. Ihre Gefühle erreichen mich, vielleicht war das vorher schon so, aber da war ich zu beschäftigt mit den meinen. Manchmal fühle ich mich alleine, obwohl ich viel mehr Impulse habe als früher, manchmal fühle ich mich in Kontakt mit ihr. Wenn sie innerlich mit mir spricht, dann ist es schön. Dann fühle ich mich gemeint, - das ist Nahrung, - Nahrung für meine Seele. Innerlich bin ich mit dem Zwilling in Verbindung, aber die Erinnerung an seine Zeit hier verblasst immer mehr. Ich vergesse langsam. In mir ist die Erfahrung mit ihm wach, die Erinnerung daran geht langsam verloren. Beides ist gleichzeitig und beides ist wahr. Manchmal fühle ich mich als Einheit mit meiner Mutter, so wie mit ihm. Das heilt, das trägt und erlaubt mir, den Übergang in diese Welt sanft zu machen.

Zeiten mit mir, wo ich mich vollständig nur auf mich beziehe, wechseln sich ab mit Momenten, die ich innig mit meiner Mutter teile. Manchmal kommt Energie von aussen. Eine ist mir schon vertraut, warm, wohlwollend, etwas scheu – mein Vater. Innerlich spricht er mit mir, da ist er klar und ohne Zurückhaltung, unbeobachtet. Wenn er sich mir nähert, seine Hand auf den Bauch legt, mich berührt, dann ganz vorsichtig und unter den Augen meiner Mutter. Liebe strömt zu mir. Ich kenne ihn, die Verbindung ist ganz anders als zur ihr. Leider versteht er meine „Worte" nicht. So antworte ich ihm mit Bewegung, das kann er fassen. Die Welt der Kinder macht mich neugierig! Meine Geschwister, besonders die Kleinen, nehmen mich wahr, sie reden mit mir! Diese quirlige Energie da draussen lockt mich. Für die Kleinen existiert noch keine Grenze, sie gehen einfach mit mir in Kontakt, da fühle ich mich aufgehoben. Ich sehe fast alles, was vor sich geht. Meist bin ich gut geschützt und erfühle, was geschieht. Wenn es mir zuviel wird, drehe ich mich um, denn die vielen Impulse sind sehr anstrengend. Noch kann ich mich einfach bewegen, ich spüre die Grenzen, sie schmiegen sich um mich. Sie geben mir Halt. Ich bin schwerelos, die Bewegungen sind leicht.

Allein

Betäubt, verlassen,
gedämpft, gefangen,
einsam, haltlos,
dunkel, verloren

Ich bin nicht da
Wo bin ich?
Wo bist du?
Was soll ich hier?

Schlafen, suchen,
sehnen, warten,
ausharren
dunkel, allein

Ich erwache
Geräusche
Wärme
Freude - von Aussen

Da ist jemand, etwas
Erwachen
Langsam lebendig werden
Fühlen
Bewegen
Kontakt zum Leben
Zu Menschen
Zur Mutter
Den Eltern
Den Geschwistern

Vielleicht ist es doch nicht umsonst?

Barbara Schlochow, 25. November 2004

5. Lebenskonsequenzen des Traumas

In den Anfängen meiner Arbeit mit diesem Themenbereich richtete ich meine Aufmerksamkeit auf die Gemeinsamkeiten in der Auswirkung. Das heisst, ich sammelte die Folgen des Traumas anhand eines Fragenkatalogs, in dem sich die meisten Klienten wiederfanden. Es kristallisierten sich Hauptmuster heraus, die im Wesentlichen im Beziehungsbereich liegen. Je länger ich mich damit befasse, desto feiner und individueller stellen sich die Folgen dar. Deshalb ist es in der Therapie auch wichtig, den Punkt zu finden, an dem das Missverständnis liegt. In der Folge dessen kann sich auflösen, was in der Lebenskonsequenz daran gebunden ist. Beispiel: Ein Mädchen, von dem später noch die Rede sein wird, löst sich von der Vorstellung, dass sie ihren Zwillingsbruder verrät, wenn sie andere Kinder so gern hat wie ihn. Nach der Arbeit öffnet sie sich und findet Freunde.

Damit innerlich und emotional nachvollziehbar ist, wieso das Zwillingstrauma diese Konsequenzen hat, schreibe ich hier aus der Sicht der Betroffenen. Je nachdem, welche Teile der Überlebende wie gespeichert hat, ergeben sich andere Folgen und Schweregrade. Und natürlich ist der Inhalt der individuellen Zwillingsgeschichte verschieden. Es gibt trotzdem auch Gesetzmässigkeiten, auf die ich später zu sprechen komme. Dieses Trauma entsteht meiner Meinung nach dadurch, dass das Wissen um den seelischen Zusammenhang abgeschnitten ist. Das heisst, je grösser der Widerstand ist gegen das, was ist, desto heftiger sind die Emotionen, desto grösser die Spaltung, desto mehr wird vergessen, desto grösser ist das Missverständnis, desto schlimmer ist die Auswirkung.

Wenn das Bewusstsein oder die Seele den Körper verlässt, weil der Schmerz, die Angst, die Ohnmacht, die Verzweiflung so gross sind, lässt ihn die Seele alleine und übernimmt nicht die Verantwortung dafür, was ihm geschieht. Im Traum überlässt man den Körper seiner Regeneration, im Trauma überlässt man ihn der Verletzung. Manchmal ist ein Schmerz nicht anders auszuhalten und man lässt den Körper damit allein. Immer wenn das geschieht, entsteht eine Spaltung: ein

Erlebnis, das Körper und Geist getrennt voneinander wahrnehmen. Der Körper ist zuunterst, der Gefühlskörper darüber und die Seele schaut von oben zu. Das ermöglicht, das Geschehene auszuhalten. Das geschieht unbewusst. Wenn Körper, Gefühl und Seele unterschiedliches erleben in derselben Situation, dann haben sie verschiedene Wahrnehmungen davon. So entstehen Bruchstücke, die einen anderen Sinn ergeben und Zusammenhänge und Informationen gehen verloren. Daraus entstehen die Missverständnisse, die gespeichert und damit geprägt werden, was wiederum Konsequenzen auf das spätere Leben hat. Um das verständlicher zu machen, folgt ein Beispiel aus dem Bereich vor der Zeugung, wie ich es in vielen Arbeiten mit Klienten wiedergefunden habe: Eine Seele dort war noch ganz einverstanden, bis sie realisiert hat, dass eine grosse Veränderung naht. Dann setzte die Angst ein und liess sie vergessen, dass es sie ins Leben zieht, damit sie Erfahrungen machen kann zu Themen, die sie selbst gewählt hat. Diese so genannte Lebensaufgabe „fiel aus ihrem Bewusstsein" und ging als Information verloren, natürlich nicht ganz, sondern es war ihr nur nicht mehr bewusst. Damit sie trotzdem ihren Weg fortsetzen kann, half ihr eine andere Seele, später Zwilling genannt, über die Schwelle. Statt der Lebensaufgabe zu folgen, verliert sie sich im Verschmelzen mit dem Zwilling und findet in ihm ihren Sinn, ins Leben zu gehen. Das ist ein grosses Missverständnis und hat erhebliche Lebenskonsequenzen, die noch dargestellt werden! In der Folge geht die Information vergessen, dass der Zwilling als Hilfe nur ein Stück des Weges mitgeht.

Zweites Missverständnis ist oft, dass der Zwilling bleiben würde. Entsprechend gross ist die Mühe, dem Abschied zuzustimmen. Daraus resultieren das Trauma und die verschiedenen Prägungen, die im Leben später wiederum für viel Drama sorgen.

Symptome

5.1. Symbiosewunsch und Ausschliesslichkeit

Als vorderste Erinnerung bleibt das gemeinsame Gefühl mit dem Zwilling. Das kann Sicherheit, Vertrauen, Zweisamkeit, Geborgenheit, Wohlwollen, tiefe Liebe ohne Worte, blindes sich Verstehen, Verschmelzung oder Einssein bedeuten. Durch das körperliche Erleben sind diese Gefühle natürlich im Körper verankert, das heisst geprägt. Es entsteht ein Eindruck: „So fühlt sich Beziehung an". Ich vermute, auf der energetischen Ebene fühlt es sich genauso an, wenn alle Chakren offen sind und das wiederum gleicht dem Verliebtheitszustand. Wer einen Zwilling hatte, verliebt sich später oft auf eine bestimmte Art und Weise, berichten meine Klienten: Über den Blick versinkt man in den Augen des Gegenübers. Gleichzeitig geht das Herz auf und eine intensive Gefühlserfahrung folgt, so als würde man sich schon seit vielen Leben kennen. Auf einer seelischen Ebene mag das vielleicht stimmen. Emotional wird in diesem Augenblick das Gegenüber mit dem verlorenen Zwilling verwechselt. Das ist geschlechtsunabhängig.

Die Erfahrung im Mutterleib ist die, dass der Zwilling nur und ausschliesslich mit der Aufmerksamkeit für den anderen da war. Wenn man das auf eine erwachsene Beziehung übersetzt, schafft das einen riesigen Anspruch an den Partner, dem dieser normalerweise nie gerecht werden kann. Kein Mann und keine Frau hat in einer Liebesbeziehung die Zeit und auch den Wunsch sich über einen längeren Zeitraum ausschliesslich nur mit dem Partner zu befassen. Das aber ist die vorgeburtliche Erinnerung und als Erfahrung angemessen. Im Vergleich ist die enge symbiotische Verbindung mit der Mutter während der Stillzeit ebenso angemessen. Wenn daraus ein Anspruch abgeleitet wird, ein Partner müsse im selben Mass wie sie da sein, ist eine solche Mutterübertragung ebenso belastend und zerstörerisch in einer Partnerschaft wie eine Zwillingsübertragung. Natürlich gibt es Partnerschaften, deren Basis eine Mutterübertragung ist. Im Beispiel funktioniert das so: Die Frau nährt den Mann als gebende Mutter und hält ihn damit klein, weil er „Sohn" bleibt. Die Frau gibt ihm, was er braucht und fühlt sich dadurch gebraucht, aber nicht als Frau, sondern als Mutter. Folge dieser Mutter-Sohn-Beziehung sind unter anderem oft Schwierigkeiten in der Sexualität. Beide profitieren von dieser Abhängigkeit und beide verlieren an männlicher bzw. weiblicher Identität. Im Fall der Zwillingsübertragung liegt der Fokus in der Einheit, sozusagen „2 in 1". So werden zwei Menschen nur noch als Paar gesehen. Das schränkt sie in der Bewegungsfreiheit so ein, dass man den einzelnen nicht mehr wahrnehmen kann: es gibt den einen nicht ohne den anderen. Jeder verliert seine Identität. Der Kitt einer solchen Verbindung besteht zu einem grossen Teil aus Abhängigkeit.

5.2. Abhängigkeit

Selbstverständlich hat Abhängigkeit in Beziehung viele verschiedene Ursachen, nicht jeder der sich abhängig fühlt, hatte einen Zwilling im Mutterleib. Aber wer einen Zwilling verloren hat, ist bereit, sehr viel für eine Partnerschaft in Kauf zu nehmen und viele Kompromisse einzugehen. Da innerhalb der Zwillingsdynamik oft eine Abhängigkeit besteht, dient sie als emotionales Vorbild, bzw. Fühlbild. Wenn schon bei der Zeugung der andere der Grund war, warum man ins Leben gegangen ist, dann festigt sich das Gefühl „ohne dich kann ich nicht sein". Wenn man die Zeit nach dem Abschied schmerzhaft einsam erlebt hat (und das haben fast alle), dann bleibt das Alleinsein im späteren Leben ein Entwicklungsthema und der Betroffene wird viel tun wird, um nicht allein sein zu müssen.

5.3. Einsamkeit

Die Zeit alleine in der Gebärmutter, nach dem Tod des Zwillings, spiegelt sich oft im Leben in Phasen der Einsamkeit wider. Wer dem Abschied nicht zugestimmt hat, fühlt sich dann alleine gelassen. Viele meiner Klienten erzählten mir, dass sie als Kinder schon wussten, dass es „irgendwo noch jemanden wie mich gab". Manche sprachen von der Schwester oder dem Bruder, die oder der ihnen gefehlt hat. Vielleicht hatten sie sogar bei den Eltern nachgefragt. Eine damals 15jährige Klientin sagte mir, „sie wisse noch, wie sie mit ihrer Schwester auf der Sternenwiese gespielt habe. Sie habe sich immer gefragt, wo sie denn hingekommen sei." Diese von Einsamkeit Geplagten wissen gefühlsmässig, dass ihnen etwas fehlt, dass sie etwas verloren haben. Oft fühlen sie sich nur „halb" und darum einsam. Egal wer um sie ist, sei es eine Familie oder ein Partner, im Inneren bleibt das Gefühl der Einsamkeit. Es kommt daher, dass mit dem Tod des Zwillings das Herz verschlossen wurde und damit die eigene Liebe nicht mehr zu spüren ist. Damit entsteht ein Missverständnis nach dem Motto: „Der Zwilling ist weg, die Liebe ist weg, also hat der Zwilling die Liebe mitgenommen". Hier beginnt die Wartezeit, bis jemand kommt, der die Liebe wiederbringt. Einerseits verliert man so die Verbindung zur eigenen Liebesfähigkeit, andererseits bringt es wieder ein Stück mehr Abhängigkeit. Die Einsamkeit hat meiner Meinung nach viel damit zu tun, dass wir unser Herz verschlossen haben und damit die Verbindung mit dem Lebendigen verlieren, das lässt uns einsam fühlen.

An dich längst verlorenen Bruder

Einsam bin ich ohne dich,
es fehlen die mir zugeflüsterten Worte.
Jede Regung, jede Stimmung hast du sofort erfasst,
hast sie gespürt wie deine eigene.
Nichts blieb je verborgen
weder deinem fühlenden Herzen,
noch dem meinen.
Deine Heiterkeit, dein Lachen umgeben mich
und klingen in mir nach.

All meine Aufmerksamkeit war gerichtet nur auf dich,
Vergessen jeder gute Vorsatz.
Für mich warst du Anfang, Weg und Ziel.

Als du gingst, war ich betäubt von Schmerz,
erst später bin ich aufgewacht allein.
Gelitten, gehadert, gezweifelt, getrotzt,
alles habe ich ausprobiert, um dich zurückzuholen.
Folgen wollte ich dir - gleich, später, immer wieder,
folgen, folgen, folgen,
bis ich nicht mehr wusste, wem zu folgen ich geschworen hatte.
Nur weg von hier, woandershin.

Beschäftigt mit dem Leben,
eingetaucht in das, was hier so alles zählt,
habe ich dich fast vergessen.
Nur ein Hauch ist mir geblieben, ein Faden der Erinnerung
an Einssein und Verbundenheit, an Freude und an Innigkeit.

Barbara Schlochow, Januar 2002

Bild eines 6jährigen Mädchens, das ihre Gefühle zusammen mit dem Zwilling darin zeigt; ihr Bruder bedeutet für sie „Liebe, Fröhlichkeit, Harmonie und Leben".

5.4. Sehnsucht und Warten

So entsteht die Sehnsucht nach dem Zwilling: In der Seele der sehnsüchtigen Menschen ist die Erinnerung an die schöne Zeit mit dem Zwilling abgespeichert und bildet das Grundmuster (Matrix), wie sich eine nahe Beziehung anfühlen kann. Nähe, Verständnis ohne Worte, grosse Liebe, Einssein sind erlebte Qualitäten dieses Kontaktes und werden später 1:1 als Wunsch auf eine Partnerschaft übertragen. Im Verliebtsein scheinen sie sich auch noch zu erfüllen....

Die Sehnsucht kann in ganz unterschiedlichen Formen zum Ausdruck kommen.

1. Von meinen Klienten höre ich immer wieder, dass bestimmte Menschen durch intensiven Augenkontakt in ihnen diese Erinnerung ausgelöst haben. Sie hätten dann jeweils das Gefühl gehabt, in diesen Augen zu versinken. In ihrem Wesen oder in ihrer Energie fühlt sich diese Person ähnlich an wie die Energie des Zwillings und löste genau diese Empfindungen aus: tiefe plötzliche Liebe. In dieser Erinnerung werden alle Erwartungen von damals wach. Nach einiger Zeit merkten diese Klienten dann, dass der andere auch nur ein normaler Mensch war und unmöglich diese Erwartungen erfüllen konnte. Oft ist es darüber zum Bruch gekommen. Im Unterschied zum realen Partner, hatte der Zwilling den ganzen Tag nichts anderes zu tun, als für den anderen da zu sein. Diesem Anspruch kann im wahren Leben auf Dauer niemand gerecht werden! Im wahren Leben zeigt sich das als Suche nach der Idealpartnerschaft, dem Traumpartner, nach Symbiose: Alles gemeinsam erleben, alles zusammen teilen. In manchen Menschen ist dieser Wunsch so idealisiert, dass ihnen selbst bewusst ist, wie unrealistisch er ist.

2. Auf diese Art kann eine ganze Reihe von rasch wechselnden Partnerschaften zustande kommen. Was für Aussenstehende aussieht wie „Don Juan" oder „Femme fatale", ist in Wirklichkeit ein Mensch mit tiefer Not und Sehnsucht, ständig auf der Suche und doch kommt er nirgends an. Jede Begegnung, die sich nur entfernt anfühlt wie der verlorene Bruder oder die verlorene Schwester, verspricht die Erfüllung. Völlig zu unrecht, wie sich sehr schnell herausstellt, denn niemand ist so gut wie der verlorene Zwilling. Jedes Mal hofft er oder sie, dass sich der Traum jetzt erfüllt, um dann doch wieder enttäuscht zu werden.

3. Sehnsucht kann auch gelebt werden, indem sie der Beziehungsinhalt ist. In Distanz-Beziehungen oder Dreiecks-Beziehungen überwiegt oft der Anteil von geträumter, erwarteter, gedachter Sehnsucht, also das, was nicht in der Realität stattfindet. Endlose Telefonate, zahllose SMS, ellenlange E-Mails, was man dann tun wird, wenn man sich wieder sieht, viele Bilder und Vorstellungen, die darüber hinwegtrösten, dass der andere nicht da ist, dass genau das

jetzt nicht gelebt werden kann. Man kommt nicht zueinander. Und in diesem Kontext ist es bedeutungslos, ob es daran liegt, dass beispielsweise er seine Frau und die Kinder nicht verlassen kann oder sie ihren kranken Mann nicht. Die Lebensumstände können völlig unterschiedlich sein und dienen dazu, das Gefühl der Sehnsucht lebendig zu halten, natürlich unbewusst. So mancher Alleingeborene verliebt sich immer in den Ferien oder sonst unglücklich weit weg. Was letztendlich der Grund ist, ist unerheblich. Denn die Prägung im Mutterleib (und wahrscheinlich in der Folge auch in der Kindheit mit den Eltern) ist, dass sich die Sehnsucht nicht erfüllt und genau das wiederholt sich in den Partnerschaften. Die Liebe auf Distanz ist darauf ausgelegt, dass zwar mittels moderner Technik eifrig kommuniziert wird, die Sehnsucht jedoch bleibt bei allem vermeintlichem Kontakt unerfüllt. Der Beziehungsalltag ist das, was man sich erträumt und nicht das, was man wirklich lebt. Denn es geht hier um die Frage der inneren Fähigkeit, sich zu beziehen. Sich in Liebe verbunden fühlen mit einem Menschen, der nicht da ist, kann sehr nährend sein. In Sehnsucht zu vergehen, weil er nicht da ist, betont den Mangel und nicht die Liebe und das nährt nicht.

4. In ihrer Sehnsucht warten einige Überlebende unbewusst darauf, dass der verlorene Zwilling wiederkommt. Darunter liegt das Gefühl der Sehnsucht, dass irgendetwas fehlt. Was genau fehlt, ist im Trauma verschüttet worden. Übrig blieb die Intensität, wie es war. Und so wissen die wenigsten Erwachsenen, dass sie einen Zwilling hatten. Bei Kindern ist das anders, sie erinnern sich oft noch und erzählen davon, wenn man sie fragt.

5. Die Sehnsucht kann auch ganz diffus sein: die Suche nach „irgendetwas". Das kann ein Sinn, ein Gefühl (z.B. Geborgenheit), eine Berufung, ein Mensch oder auch Fernweh sein. Die, die auf der Suche sind, haben die Erinnerung an den Zwilling auf etwas im Leben übertragen und warten darauf, dass das, was einmal da war, wiederkommt. Wer bei sich angekommen ist, kann im Aussen aufhören zu suchen.

Ich sehne mich

Ich sehne mich,
ich suche dich.
Wo bist du?
Du, der mich wortlos versteht,
der mich einfach hält und weiss, was mich bewegt.
Du, der mit mir fühlt,
mit dem Liebe mich vereint, gross, schön, verbunden, vollkommen!
Einssein
Tiefe
Getragen sein
Beschützt

Ich sehne mich,
Ich suche dich -
seit damals, in jedem Mann
suche ich diese Berührung,
suche, dass diese Saite klingt
doch keiner berührt sie so wie du!

Nach langem Warten, Suchen, Sehnen,
nachdem geheilt, was damals jäh zu Ende war
 und viele Erinnerungen hinterliess,
da entdeckte ich,
dass diese Tiefe, diese Liebe
in mir wohnt und nur dann zum Vorschein kommt, wenn ich sie lebe.
Wenn ich sie zeige, sie dir schenke,
statt vergebens zu hoffen, dass du mich weckst.
Wie Dornröschen wach ich auf - durch meinen eigenen Kuss.
Nicht du erweckst in mir die Liebe,
sondern ich erwache durch die meine!

Ich liebe und ich lebe,
bin meines Herzens Schlüssel
und das Schloss, versperrt für lange Zeit,
werf ich nun weg!
So offen will ich bleiben
und die Liebe leben, so wie ich sie spür'!

Barbara Schlochow, 25. August 2002

5.5. „Erst war es ganz schön, dann ganz schlimm - so etwas will ich nie mehr erleben"

Die unbewusste Erinnerung ist an zwei Erfahrungen geknüpft: das schöne gemeinsame Gefühl und den schlimmen Abschied. Liebe und Tod, bzw. Schmerz sind ganz nah beieinander abgelegt. Das eine wird immer mit dem anderen zusammen erfahren. Wenn das Herz aufgeht, kommt auch der Schmerz zum Vorschein. Nach dem Motto: „Erst war es ganz schön, dann ganz schlimm, so etwas will ich nicht mehr erleben". Das macht innerhalb einer Beziehung eine ständige Ambivalenz. Eine Konsequenz kann sein, dass dieser Mensch alleine bleibt und sich so gar nicht der Gefahr aussetzt, verlassen zu werden.

Die Ambivalenz zeigt sich in der Beziehung, im Hin und Her, wie beim Seilziehen. Das können verschiedene Varianten sein: Sie will ihn unbedingt, er will sich nicht festlegen; wenn er Nähe will, zieht sie sich zurück oder umgekehrt. Nähe hat in der Intensität etwas Bedrohliches, weil sie direkt mit dem Verlust gekoppelt ist, deswegen darf es nie zu nah sein. Wenn es zu weit ist, wird es auch wieder bedrohlich, weil es an den Abschied erinnert. Und so entsteht das Hin und Her. Das tritt besonders bei unerreichbaren Partnern auf, z.B. wenn einer von beiden verheiratet ist. Im Grunde ist es egal, wer von beiden sich verschliesst. Denn wenn jemand so eine Beziehung lebt, dann haben beide Partner ein Problem mit Nähe und Distanz. Aber diese Unerreichbarkeit ist für viele Menschen beiden Geschlechtes eine grosse Attraktion. Das Bemühen, dass sie vielleicht der- oder diejenige sind, der diesen freien Geist bekehrt, zähmt und bindet, kann ein lang anhaltendes Bindemittel in einer Partnerschaft sein.

Die irische Pop-Gruppe „U2" hat das in ihrem Song „With or without you" besungen – es geht nicht mit dir, aber auch nicht ohne dich. Die Ambivalenz kann auch in beiden Personen so verteilt sein, dass einer den bedürftige Part hat, der andere den auf den ersten Blick „unabhängigen". Besonders sichtbar ist das, wenn sich z.B. eine Frau immer Männer aussucht, die verheiratet sind oder keine Nähe erlauben, sich nicht binden wollen. Das gibt es umgekehrt natürlich auch!

Der Zwilling im Geliebten

Da eines Tages traf ich dich,
ein Blick, ein Wort, ein Augenblick der Rührung
und schon barst mein Herz in tausend Stücke.
Ich verlor es auf der Stelle schon an dich.

So blieb es dann.
Am Anfang sah ich tausend Funken, wenn ich dich erblickte.
Ein Glanz umhüllt' uns beide,
verliebt als wär' es für die Ewigkeit.
Die Nähe, die Vertrautheit als wär' sie viele Leben schon erprobt.

Doch dann begann's zu bröckeln,
auf Nähe folgte Weite,
so weit, dass ich dich schier nicht mehr erreicht'.
So konnt' ich nicht sein,
mal fern, mal nah,
als wäre ich für dich bestimmt -
und doch nicht.

Unter Schmerzen lösten wir uns dann
 nach vielen Runden Kampf,
nach vielen Runden Leid,
nach vielen Runden Schweigen.
Als wär' es Sterben.

Doch beide überlebten und wenn sie gut getan,
dann waren beide dankbar und verziehen sich,
dass beide sich verwechselten - und
doch auch profitierten von magischer Intensität.
Das Diesseits und das Jenseits berührten sich,

die Liebe und der Tod,
am Beginn des Lebens schon erlebt.

So lass ich dich nun los und heile in mir selbst,
was damals nicht geschehen durfte.
Auf dass die nächste Liebe blühe im Einverstanden sein
mit der Endlichkeit.

Barbara Schlochow, April 2002

5.6. Plötzliche Trennungen oder Verluste

Die vorherrschende Erinnerung oder das, was abgespeichert ist, ist das plötzliche Verlassenwerden. Wenn im Mutterleib der Zwilling sehr schnell gestorben ist oder bei einer Abortblutung „mit dem Blut weggerissen wurde", bleibt die Prägung von einem unvorhergesehenen Verlust. Ein Kind oder ein Erwachsener mit dieser Vorgeschichte wird überall befürchten, dass plötzlich etwas geschehen kann. Das Kind wird die Mutter nicht alleine einkaufen gehen lassen. Vielleicht hat die erwachsene Frau ausgesprochene Verlustängste, sie fürchtet, dass der geliebte Partner plötzlich an einer Herzattacke stirbt, beim Motorradfahren verunfallt, auf der Geschäftsreise mit dem Flugzeug abstürzt oder sonst in irgendeiner Form von ihrer Seite gerissen wird. Dass diese Ängste irrational sind, erkennen manche Menschen und doch sind sie dagegen machtlos. Befürchtungen können sich auch auf die Untreue des Partners richten, obwohl er dazu vielleicht noch nie Anlass gegeben hat. Dieser Angst oder Panik, versuchen sie über Kontrolle oder Klammern zu begegnen, meistens mit dem Ergebnis, dass sich die Partner über kurz oder lang trennen. Womit genau das eintritt, was sie unter allen Umständen vermeiden wollten.

Bei manchen Menschen ist die Prägung eine zeitliche, im Sinne von: „Nach einer bestimmten Zeit geht die Beziehung zu Ende". Die mit dem Zwilling erlebten Schwangerschaftswochen werden dann später in Monate oder Jahre übersetzt.

Dabei ist es nicht ausschlaggebend, wer von beiden geht. Der mit der Prägung wiederholt das zeitliche Muster, indem er seinen Partner verlässt oder zum Verlassen bringt. In meiner Praxis habe ich oft Menschen getroffen, bei denen Beziehungen oder Affären nach drei Monaten auseinander gingen, analog zur dritten Schwangerschaftswoche. Ein Überrest davon kann auch ein ganz tiefes Gefühl sein von: „Ich werde sowieso verlassen". Dieses Gefühl liefert den guten Grund, sich nie wirklich auf eine nahe Beziehung einzulassen oder dem anderen keine Chance zu geben, zu bleiben.

5.7. Erinnerungen an den Abschied

Der früh erlebte Verlust kann alle Abschiede schwierig machen, die sich im späteren Leben ereignen. Immer wenn es ums Abschiednehmen geht, flammt der alte Schmerz auf. Und weil es damals wirklich um Leben und Tod ging, ist der Schmerz heute existentiell, obwohl es die aktuelle Situation nicht ist. Selbstverständlich werden gerade solche Erlebnisse durch Verluste in der Kindheit wie Trennung, Scheidung oder Tod extrem verstärkt. Auslöser dieses Traumas können später beispielsweise die Trennung von einer Jugendliebe oder bei Erwachsenen das Ende einer Affäre sein. Das ist dann über alle Massen schlimm, weil es an die pränatale Zeit erinnert. Der Anlass steht oft in keinem Verhältnis zum gefühlten grossen Schmerz. Kleiner Auslöser kann ein tränenreicher Abschied am Bahnhof sein oder wenn die Kinder ins Ferienlager fahren. Der Tod eines Haustieres hat auch sehr oft eine solche Dimension oder wird ähnlich schlimm erlebt. Eine Klientin versuchte als Kind Vögel, die aus dem Nest gefallen waren, zu retten. Das setzte sich später fort. Wo immer ein Tier Hilfe oder Rettung brauchte, tat sie alles, was sie konnte. Und litt jedes Mal grosse Qualen, wenn ein Tier trotzdem starb. Die Erinnerung an den toten Zwilling kann auch die seelische Ursache dafür sein, wenn jemand eine alte abgeschlossene Beziehung gefühlsmässig nicht loslassen kann. Er fühlt sich an die Geschichte mit dem Zwilling erinnert, die ja auch nie zu einem guten Ende gekommen ist, weil er sie nie zu Ende bringen konnte. Er fühlt sich genauso verlassen, stehen gelassen wie damals und wartet.

Der Abschied fehlt. In ihm ist diese Beziehung unabgeschlossen, auch wenn die Gegenwart etwas anderes zeigt.

5.8. Heimlichkeiten und Drama

Die Zwillinge im Mutterleib, von denen noch niemand etwas weiss, sind sozusagen noch unentdeckt. Sie bilden energetisch eine Einheit, im wahrsten Sinn des Wortes eine Blase, die abgegrenzt ist. In ihr herrscht die heile Welt, das kleine ozeanische Paradies, nur die Kinder sind aufeinander bezogen. Das ist unabhängig davon, ob es sich um eine oder um zwei Fruchtblasen handelt. Diese Ausschliesslichkeit zeigt sich oft in einer Paarkonstellation, die zwar magische Momente miteinander teilt, aber in der Realität des Alltags überhaupt nicht lebbar ist. Das Paar bewegt sich wie in einer Blase, völlig nur auf sich bezogen, füreinander da, so wie die Zwillinge im Mutterleib. Oft umgibt sie ein Geheimnis. In der Phase der Verliebtheit haben das die meisten Paare. Doch diese Zeit endet nach einigen Monaten. Ich habe oft beobachtet, dass Überlebende vom Zwilling sich Liebesbeziehungen schaffen, die Heimlichkeiten enthalten. Meist sind das heimliche Aussenbeziehungen, Lügen oder Unwahrheiten. Damit bewahren sie sich, neben ihrer Partnerschaft oder Ehe, mit dem anderen Partner ihre heile Welt unangetastet von Familienspannungen, Kindergeschrei oder sonstigen Unvereinbarkeiten. Diese Begegnungen lösen oft tiefe, wie magische Momente aus, in denen die Beteiligten das Gefühl haben, füreinander geschaffen zu sein. Alles scheint kosmisch zusammen zu passen, doch der Realität hält das häufig nicht stand. Diese Anziehung und die Schwierigkeiten im Alltag mit Streitereien machen so eine Liebesbeziehung zu einem kräftezehrenden Ping-Pong-Spiel, meist begleitet von viel Drama. Die Übertragung vom Zwilling auf den jeweiligen Partner lässt die Beziehung so aussergewöhnlich erscheinen und macht die brisante Mischung von tiefer Liebe, die nicht gelebt sein darf, und Tod aus. Damit bekommt eine Beziehungskrise plötzlich eine existentielle (lebensbedrohliche) Bedeutung, denn damals glaubt der Überlebende auch, nicht ohne den Zwilling leben zu können. Auch hier wirkt wieder: Mit dir nicht und ohne dich auch nicht! Romeo und Julia im 21. Jahrhundert!

Hierzu das Beispiel einer Klientin: In der Anamnese finden wir an der Realität gescheiterte Beziehungen. Warten auf jemanden, der mit ihr den ersten Schritt macht, unerklärbare Traurigkeit, Gefühl in einer Zwischenwelt zu leben, Sehnsucht nach Verschmelzung. Sie lebt eine heimliche Beziehung mit einem Mann aus einem anderen Kulturkreis und mit einer anderen Religion. Er ist einer Frau versprochen, die er auch heiraten wird. Sie weiss, dass ihre Zeit mit ihm irgendwann endet und verzweifelt fast daran. In der Zwillingsübertragung verbindet die beiden tiefe Liebe und blindes Verständnis füreinander. So ruft er sie z.B. an, wenn er spürt, dass es ihr schlecht geht. Obwohl sie weiss, dass sie ihn bald loslassen muss, flüchtet sie sich aus der Realität und lässt sich immer wieder auf ihn ein. Sobald sie zusammen sind, ist Liebe da. Als er eine Weile bei ihr wohnt, hält sie es manchmal fast nicht aus - in der Realität ist es schwierig, beiden Ansprüchen gerecht zu werden. Er leidet unter Schuldgefühlen, weil er in seinem religiösen Verständnis etwas Unerlaubtes heimlich tut, indem er bei ihr lebt, ohne mit ihr verheiratet zu sein. Sie hält einerseits die Beziehung wie ein Bild hoch und hat Rückenschmerzen als Folge dieser körperlichen Anspannung. Andererseits flüchtet sie immer wieder aus der Realität in das Geheimnis und geht damit stückweise aus ihrem Körper. Sie fühlt dann eine körperliche Lähmung und Unfähigkeit zu Aktivität. Wenn sie im Alltag die Realität sieht, z.B. wenn Dritte von der Beziehung und den Schwierigkeiten erfahren, ist ihr bewusst, dass er nur auf Zeit da ist. Wenn sie ihren Zwilling verabschieden kann, wird sie sich wahrscheinlich aus dieser Bindung lösen können. Vielleicht muss sie erst die Erfahrung machen, dass sie diese Trennung als Erwachsene überlebt und die Liebe bleibt, bevor sie sich an die vorgeburtliche Ursache herantasten kann.

5.9. Todessehnsucht

Wenn der Zwilling stirbt, löst das beim Zurückbleibenden den starken Wunsch aus, dorthin zu gehen, wo der Zwilling ist, das heisst zu sterben. Und weil ja im vorgeburtlichen Zustand die Seele noch nicht so fest mit dem Körper verbunden ist, bedeutet das nicht das gleiche wie später als Erwachsener. Das Sterben im

Mutterleib als Akt ist mir immer wieder von den überlebenden Zwillingen als unspektakuläres Verschwinden beschrieben worden, ohne Schmerzen, Wehren oder Drama. Es scheint, dass die Grenzen in diesem Zustand noch fliessend sind. Die Klienten, die ihrem Zwilling aus dem Mutterleib nachfolgen wollten, fallen im Leben durch Phasen von Todessehnsucht auf- bewusst oder unbewusst.

Bewusste Todessehnsucht zeigt sich z.B. in Suizidgedanken oder-drohungen im Fall des Verlassenwerdens durch Sätze wie „Wenn du gehst, dann bringe ich mich um, dann macht es für mich keinen Sinn mehr". Hier handelt es sich um eine Wiederholung der Situation im Mutterleib, in der der Zwilling oft genug stellvertretend für den Lebenssinn stand. Dabei ist die Verbindung von Liebe und Tod besonders auffällig. Neben dem Machtspiel, das es bei Erwachsenen zweifelsohne auch sein kann, steckt tiefe Not hinter solch einer Aussage. Denn der verlassene Zwilling meint es wirklich so: In ihm sind Liebe, Tod und Leben ganz nah zusammen und kreieren diese hochdramatische Gefühlsmischung. Das habe ich sogar bei Kindern beobachtet: Diejenigen, die sich erinnerten, dass sie im Mutterbauch zu zweit waren, wollten in Momenten der Einsamkeit sterben und drücken das auch so aus, sehr zum Schrecken der Eltern. Die Wut und die Verlassenheit, die darin zum Ausdruck kommen, wirken oft als herzzereissend. Der fünfjährige Sohn einer Klientin, der noch dazu ein Zwillingspaar als Schwestern hat, hat sich lange Zeit in Wutanfällen und Verzweiflung nach dem Sterben gesehnt. Für ihn war es besonders schwer zu akzeptieren, dass er alleine da sein muss, während die Mädchen sich hatten, er empfindet das noch heute als sehr ungerecht.

Unbewusste Todessehnsucht zeigt sich z.B. bei Menschen, die als Kinder viele (Beinah-)Unfälle hatten, mit mehr oder weniger körperlicher Verletzung; oder die Sportarten bevorzugen, die ein grosses Risiko bergen, wie Paragliding, Bungee-Jumping oder Fallschirmspringen. Meiner Meinung nach sind alle Fallsportarten Wiederholungen des Fallenlassens bei der Zeugung. Besonders junge Leute, die gerne Risiken eingehen beim Autofahren oder Motorradfahren, sollten sich ihr Zwillingsthema bewusst machen. Natürlich können die Ursachen beispielsweise auch in systemischen Zusammenhängen liegen.

Auch Unfälle, bei denen es heisst: „Aus unbekannten Gründen kam der Fahrer des Wagens auf die falsche Fahrbahn" oder „Er ging diesen Berggrat schon wiederholt und rutschte aus" gehören hierher. Gefährliche Unachtsamkeit im Sinn von mangelndem Gegenwartsinteresse werte ich auch als unbewusste Todessehnsucht. Die betreffende Person ist einfach nicht ganz da - und das ist genau das, was sie will - nicht ganz da sein!

Eine andere Art von magischer Anziehung der Todesschwelle finde ich häufig bei Menschen, die schon sehr früh eine Begegnung mit dem Tod (z.B. von Familienangehörigen oder Freunden) hatten. Solche Menschen ergreifen manchmal einen „rettenden Beruf". Das kann Arzt, Krankenschwester, Notfallsanitäter oder Ähnliches sein. Es lohnt sich für den Betroffenen zu schauen, ob ein Zwilling oder ein anderes Familienmitglied nicht zu retten war und das die Berufswahl beeinflusst hat. In diesem Fall ist entweder die erlebte Todessehnsucht delegiert, das heisst, jemand anders lebt sie für mich aus; oder die erlebte Ohnmacht, den anderen nicht retten zu können, wird kompensiert, indem man jemand anderen stellvertretend dafür rettet, sozusagen als Ausgleich.

Ich selbst war jahrelang fasziniert von Notfallsituationen in der Geburtshilfe und führte das auf die spezielle Herausforderung zurück, die es mir abverlangte. Erst als ich die aktive Geburtshilfe verliess, wurde ich innerhalb weniger Monate mit meiner eigenen Todessehnsucht konfrontiert, ein Gefühl, das ich auf Nachfrage sicher geleugnet hätte. Als ich es in der Delegation (Abspaltung) nicht mehr über das Umfeld leben konnte, spürte ich es plötzlich bei mir selbst. Ich bin mir heute sicher, dass die Affinität zu Schwangerschaft und Geburt (neben einer Gabe, die ich habe) auch mit der Faszination der Grenze zwischen Leben und Tod zu tun hat, was mit der Zwillingsgeschichte zusammenhängt. Ich will daraus keine Gesetzmässigkeit ableiten, sondern Anregungen geben, hinzuschauen. Nur wenn ich weiss, wie die Dinge in mir zusammenhängen, kann ich sie lösen. Salopp gesagt: Wenn ich weiss, warum mir soviel daran liegt, andere zu retten, kann ich mich selbst retten. Solange ich mir Situationen schaffe, in denen ich gegen den Tod ankämpfen muss, wiederhole ich die Ohnmacht der vorgeburtlichen Situation.

Hier geht es um die innere Motivation etwas zu tun, was ja nicht heisst, dass man den Beruf wechseln muss, wenn man herausfindet, warum man ihn auf der unbewussten Ebene gewählt hat. Für mich stellt sich vielmehr die Frage, wie man die Vorteile der eigenen Geschichte für seine Aufgabe nutzen kann. Denn unter jedem Trauma ist eine Ressource verborgen. Wer sich seiner Todessehnsucht bewusst ist und den Zündstoff darunter geklärt hat, kann besser im Leben stehen. Angesichts des Todes kommt das Wesentliche zum Vorschein.

5.10. Schuldgefühle

Bei manchen Menschen bleibt eine Erinnerung zurück an die traumatische Situation des Verlustes im Mutterleib, verbunden mit einem Gefühl von „Ich darf leben, der andere musste sterben, wegen mir". Im Extremfall habe ich auch schon gehört „Ich muss leben, der andere durfte sterben". Da können Gefühle sein von „Ich habe ihn umgebracht" „Ich habe diesen Tod nicht verhindert (oder nicht verhindern können)" „Wegen mir ist er gestorben" oder so ähnlich. Schuldgefühle, dass das eigene Leben auf dem Tod eines anderen aufgebaut ist, gründen im Zwillingsthema oft darauf, dass man nicht verstanden hat, worum es eigentlich ging. Dann liegen unter den Schuldgefühlen Trauer und Ohnmacht, die damit abgewehrt wurden. Für mich bedeuten Schuldgefühle, dass im Verständnis noch etwas fehlt. Sobald der Betroffene erlebt, dass der Zwilling freiwillig mitkam und ihm vorher klar war, dass er wieder zurückgeht, kann er die Verantwortung dafür dort lassen, wo sie hingehört. In der Folge dürfen sich die Schuldgefühle auflösen. Viele Menschen gönnen und erlauben sich ihr Glück nicht, sondern leiden, wenn es anderen nicht gut geht, um selbst zu sühnen. Das nützt niemandem und hier ist eine Korrektur hilfreich. Ich arbeite immer wieder mit Klienten, die in Familienaufstellungen das Zwillingsthema aufgedeckt haben und mir sagen: „Ja ja ich weiss, ich erlaube mir mein Glück nicht. Das habe ich in der Aufstellung schon gesagt". In solch einem Fall hat der Klient noch keinen Zugang zu seiner Wahrheit. Ihm wurde vielleicht gesagt, dass er es sich nur erlauben muss. Solange er emotional nicht erfährt, d.h. wirklich fühlt, worum es damals ging, solange er es nicht als seine innere Wahrheit spürt, kann er sich sein Leben mit aller Freude nicht wirklich erlauben. Das bedeutet, dass er sich vielleicht auf keine Partnerschaft einlässt, keine Kinder hat oder beruflich nicht erfolgreich ist - was immer das heissen mag. Wenn er seine Wahrheit kennt, zeigt es sich daran, dass er seine Aufgabe gefunden hat, die ihn nährt. Das ist nicht in erster Linie eine Frage des Verdienstes sondern der Erfüllung.

Norbert Mayer hat 1998 in seinem Buch „Der Kain-Komplex" schon im Titel viel Aufmerksamkeit auf das Thema Schuldgefühle gelegt. In seiner Erfahrung bilden sie eine Hauptauswirkung des Zwillingsgeschehens. In meiner Praxis hat sich die Häufigkeit, die er beschreibt, nicht bestätigt. Ich habe mehr zu tun mit Menschen mit Sehnsucht und Todessehnsucht und ihren Konsequenzen und führe das auf meine eigene Resonanz zurück.

5.11. Bruder-Schwester-Beziehungen

Partnerschaften mit Zwillingsübertragung können sich auch dadurch auszeichnen, dass ihnen über die Jahre die Spannung von männlichem und weiblichem Pol abhanden kommt. In der Übertragungssituation verwandeln sich die Partner allmählich von Mann und Frau zu Bruder und Schwester. Diese Harmonisierung bezahlt das Paar normalerweise mit seiner Sexualität. Die Spannung, die die Anziehung einer lebendigen Sexualität ausmacht, geht verloren. Wenn ein Paar das auflösen möchte, sollten beide Partner schauen, wie es dazu gekommen ist. Meist haben beide ein Zwillingsthema. Eine solche Auswirkung kommt nie nur dadurch zustande, dass einer seinen Zwilling sucht. Beide müssen ihren Anteil daran haben, jeder hat seinen Nutzen davon und die Ursache kommt immer aus der eigenen Biographie.

5.12. Unerklärliche Trauer

Viele Klienten berichten, dass sie zeitlebens Phasen oder Anfälle unerklärlicher Trauer haben. Sie hat dann keinen Bezug zum Tagesgeschehen und kann auch sonst nicht in die Biographie eingeordnet werden. Besonders stark muss es in der Kindheit schon sein. Einige Menschen haben mir auch berichtet, dass sie als Kinder einen für andere unsichtbaren Freund hatten oder die Mutter baten, ein zusätzliches Gedeck aufzulegen.

Die 8jährige Martina erzählt, dass sie ihren Zwillingsbruder sieht und er ihr manchmal hilft, die Hausaufgaben zu machen. Sie war dadurch aufgefallen, dass sie ein Familienbild gemalt hatte, mit Mutter, Vater, einem Sohn und zwei Töchtern. Auf die Frage der Mutter, wer denn der Junge sei, antwortete sie, das sei ihr Bruder. Damit konnte die Mutter nichts anfangen, erst später verstand sie ihre Tochter. In gemeinsamen Sitzungen fanden sie diesen Bruder und auch die Mutter konnte der Trauer über den Verlust dieses anderen Kindes Ausdruck geben. Innerlich war die Tochter sehr an ihn gebunden und unfähig sich altersgemäss wirklich auf Freunde einzulassen. Nach dieser Arbeit fand sie Freunde und verlor ihre traurigen Momente.

5.13. Leben für mehrere

Ein Symptom, das immer wieder auftaucht, besteht darin, dass jemand für mehr als einen Menschen lebt, arbeitet oder isst. Die einzelnen Lebensschicksale zeigen sich unterschiedlich. Es kann sein, dass eine Frau z.B. mehrere Berufe hat, sich daran aufreibt und ins Burnout kommt. Sie lebt dann das Leben des Zwillings unbewusst mit.

Eine weniger gefährliche Variante liegt zum Beispiel im Einkaufen. Wegen meiner Drillingsprägung kaufe ich, wenn ich nicht darauf achte, Grundnahrungsmittel wie Milch im Dreierpack ein. Wenn ich koche, würden sicher drei Menschen davon satt. Andere Betroffene haben mir berichtet, dass sie dasselbe T-Shirt stets in zwei Farben kaufen oder immer zwei Paar Schuhe. Das kostet als Auswirkung nur Geld, beeinträchtigt aber kaum die Lebensqualität. In diese Rubrik gehört auch, wenn jemand mit doppeltem oder dreifachem Gepäck verreist.

5.14. Materialisiert

In meiner Praxis habe ich immer wieder damit zu tun, dass Klienten kommen mit der medizinischen Diagnose „verlorener Zwilling" aus einem Sacraldermoid, bzw. einem Teratom. Häufig im Beckenbereich (Steissbein, Kreuzbein, Kleines Becken) finden sich Zysten oder Tumore, die embryonales Gewebe enthalten. Diesen Hinweis finden wir auch in den Büchern von Norbert Mayer, Evelyne Steinemann und Alfred & Bettina Austermann. Embryologisch scheint sich der Sachverhalt nicht völlig nachvollziehen zu lassen. Die Klienten, die das betraf und mit denen ich gearbeitet habe, konnten meist sehr gut beschreiben, was da passierte. In einem sehr frühen Stadium haben sie den toten Gefährten körperlich nahe an sich heran und dann hineingenommen. Gefolgt von Sätzen wie: „Ich kann ihn (oder sie) noch nicht loslassen" oder: „Ich kann ihn doch dort nicht allein lassen". Auch wenn ich keine ausreichende wissenschaftliche Antwort auf den embryologischen Hintergrund bekomme, bin ich doch geneigt, meinen Klienten zu glauben. Denn sie müssen in jedem Fall erst einmal mit ihrer Wahrnehmung ernst genommen werden. Ob sie den toten Zwilling nun energetisch, emotional oder körperlich in sich aufgenommen haben, ist dann erst in zweiter Linie relevant. Wer die Wahrnehmung hat, seinen toten Zwilling in sich aufgenommen zu haben, hat in der Regel auch ganz heftige emotionale Lebenskonsequenzen. Eine Frau berichtet, dass sie nach der Geburt eine Geschwulst am Oberschenkel hatte, die dann herausoperiert wurde. Noch Jahre später berührte sie sich an dieser Narbe als einzig spürbare Verbindung. Wenn sie Hilfe brauchte, hat sie auf diesem Weg Kontakt mit ihrem Zwilling aufgenommen. So gross die Unterstützung war, die sie bekam, so gross war auch die Trauer, die in dieser Narbe gespeichert war und sich in der Körperarbeit lösen durfte.

6. Missverständnisse

6.1. Der Zwilling bleibt

Ein häufiges Missverständnis ist, dass der Überlebende meint, dass der Zwilling bei ihm bleibt und zwar zeitlebens. Manche Klienten berichten, sie hätten geahnt und es gar nicht wissen wollen, dass er wieder geht. Andere sagen, sie hätten „oben" etwas vereinbart und es dann vergessen. Andere erzählen, sie sind dem Zwilling einfach hinterher gegangen ohne sich darum Gedanken zu machen. Wieder andere sagen, sie seien ganz selbstverständlich davon ausgegangen, dass er bleibt, wären aber nicht mitgekommen, wenn sie gewusst hätten, dass er wieder geht.

6.2. „Nur mit dir" oder „Nicht ohne dich"

Hier liegt eine Bedingung vor: „Ich gehe nur mit dir" oder „Ich gehe nicht ohne dich". Darunter liegt Angst oder mangelndes Vertrauen und das schafft eine erste Abhängigkeit. Die Prägung für alle neuen Übergänge bedeutet: „Ich kann es nicht alleine".

6.3. „Jemand muss mir die Liebe wieder bringen"

Durch das Trauma des Verlustes verschliesst der Betroffene sein Herz, um den Schmerz nicht mehr fühlen zu müssen. Dadurch schneidet er sich von seiner Fühlfähigkeit ab und natürlich auch von seiner eigenen Liebe. So entsteht der Eindruck, es müsse jemand von Aussen kommen und „ihm die Liebe wieder bringen", so als hätte der Zwilling sie mitgenommen. Das ist ein Missverständnis und die zweite Abhängigkeit!

6.4. „Du bist mein ganzer Sinn"

Das Missverständnis hier liegt darin, dass der Zwilling mit dem Lebenssinn gekoppelt ist. Die eigene Lebensaufgabe wird vergessen und stattdessen ist die Beziehung mit dem Begleiter überlebenswichtig. Entsprechend ist die Folge eine tiefe Todessehnsucht und Sinnlosigkeit nach seinem Tod. Damit ist die dritte Abhängigkeit geschaffen. In der Lebenskonsequenz überträgt sie der Klient dann später auf seine Partnerschaft. Eine Aussage könnte sein: „Du bist mein Ein und Alles". Unter diesem Gewicht, kann er sich in einer Beziehung nur aufopfern, weil der Partner sein Lebenssinn ist. Wenn der Partner diesen Liebesdienst als einengend erlebt, kann die Beziehung daran zerbrechen. Sätze wie: „Ohne dich will ich nicht leben, ohne dich macht mein Leben keinen Sinn" können in einer Trennungssituation massive Todesängste auslösen, bis hin zur Selbstmorddrohung

6.5. "All das ist nur mit dir möglich"

Dieses Missverständnis entsteht durch Abspaltung. Dieser Mensch verbindet die Qualitäten des Zusammenseins mit dem Zwilling ausschliesslich mit ihm oder den Personen, auf die er es projiziert. Er pflegt ein „Schatzkästchen-Gefühl", das all die Qualitäten enthält, die im Zusammensein erlebt wurden. Im Verlust oder in der Trennung verschliesst er sich diesen Gefühlsqualitäten in sich, spaltet sie ab, verleugnet, dass er sie hat und macht damit die Erfahrung, dass all diese Gefühle nur mit einer anderen Person möglich sind. Ob er das auf den verlorenen Zwilling oder einen Partner richtet, ist gleichgültig. Das Missverständnis liegt darin, dass er sich von seinem Gefühl abgeschnitten hat und sich nicht erlaubt, mit jemandem anderen genauso zu empfinden. In seinen Augen wäre das Verrat am Gemeinsamen. Ich habe noch nie in der Arbeit gehört, dass ein Toter sich gewünscht hat, der Überlebende dürfe so tief nie mehr empfinden. Das ist falsch verstandene Bindung, wie sie sich auch in Familienaufstellungen oft verstorbenen Partnern gegenüber zeigt.

6.6. Das Versprechen

Was mir immer wieder begegnet, sind Versprechen dem Zwilling gegenüber. Meist sind sie im Schmerz getroffen, innerlich, mit weitreichenden Konsequenzen, wie ein Schwur sich selbst gegenüber. Das kann z.B. sein: „Ich liebe nur dich". Eine 42jährige Klientin hatte ihrem Ehemann noch nie sagen können, dass sie ihn liebt. Oder ein Mann, der seiner Zwillingsschwester versprach: „So eine Liebe gibt es nur mit dir", der zwar zwei Kinder mit einer Frau hatte, diese aber nicht heiraten konnte. So unbewusst diese Versprechen abgegeben werden im vermeintlichen Glauben, damit Liebe auszudrücken, so wenig hat der Verstorbene davon. Im Versprechen von ewiger Treue entsteht eine gefühlsmässige Bindung. Es ist sozusagen die Hochzeit im Mutterleib. Die Scheidung geht nur durch bewusstes Zurücknehmen des Versprechens. Mir ist noch nie ein Zwilling in der Arbeit begegnet, der glücklich damit war, wenn sich der Begleitete wegen ihm unglücklich gemacht oder sich der Liebe im Leben verschlossen hat. Das ist einfach an seiner Aufgabe vorbei! Denn die Aufgabe des Zwillings ist es, uns ins Leben zu begleiten, damit wir einen guten Start haben - und nicht, uns damit unglücklich zu machen! Das ist ein Missverständnis und der Unterschied zwischen der unpersönlichen Liebe des Zwillings und der persönlichen Liebe, die wir daraus machen.

6.7. „Ich warte auf dich"

Dazu ist viererlei zu sagen. Erstens wartet hier jemand auf etwas, das schon da war und nicht erst kommen wird. Das ist ein Missverständnis!

Zweitens, was pränatal in der Symbiose seine Richtigkeit hatte, ist in der Erwachsensensituation als Beziehungsform völlig deplatziert.

Drittens habe ich wenige Belege dafür, dass der Zwilling wiederkommt. Die meisten Fälle, die mir bekannt sind, sind Projektionen. Und da, wo es sich scheinbar wirklich um ein Wiedersehen mit derjenigen Seele handelt, bedeutet es nicht das

„Friede, Freude, Eierkuchen- Gefühl", wovon die Überlebenden träumen. Denn für den Widergetroffenen liegt die pränatale Begegnung in der Vergangenheit. Für die Menschen, die ich kenne, die sich sicher sind, dass sie diese Seele wiedergetroffen haben, bedeutet das eine weit grössere Herausforderung und ein hohes Mass an Loslassen. Das ist weit weg von der Vorstellung, die Überlebende davon haben, ihren verlorenen Zwilling wieder zu finden. Diese Vorstellung hat etwas Märchenhaftes an sich und ist völlig unrealistisch. Ausserdem sagen die meisten Betroffenen über den Zwilling: „Es war ein Bruder" oder „Ich hatte eine Schwester". Ich glaube mittlerweile, dass diese Geschlechts-Identifizierung rein gefühlsmässig ist und dadurch zustande kommt, dass die vom Zwilling übermittelten Qualitäten männlich oder weiblich zugeordnet werden. Tiefe Liebe und Zärtlichkeit werden eher gegengeschlechtlich eingeordnet, Geborgenheit und Sicherheit eher gleichgeschlechtlich, usw. Diese Zuordnung entscheidet meist darüber, wo diese Gefühlslagen später ausgelebt werden: in einer gegengeschlechtlichen Liebesbeziehung, einer platonischen Freundschaft oder Innigkeit mit einem Kind.

Viertens schafft die Sehnsucht im Warten keine Erfüllung, sondern Sehnsucht. Wer wartet und vom „Idealpartner" träumt, ist gebunden im Alleinsein und kann sich nicht den vielfältigen Geschenken des Lebens öffnen. Gegen diese Ausschliesslichkeit kommt das Leben nicht an.

6.8. „Ich bin schuld an deinem Tod"

Wenn eine solche Aussage in der Prozessarbeit auftaucht, ist es wichtig, dass der Zwilling befragt wird, ob das so stimmt. Mir geht es nicht um eine „Entlastung" des Klienten, sondern um seine Klarheit. Was braucht es, damit diese Beziehung wirklich geklärt ist. Welche Fragen müssen gestellt werden, welche Antworten braucht es darauf? Es geht auch nicht um theoretische Hypothesen, an die der Klient glauben muss, sondern um die individuelle Wahrheit darum, dass er herausfindet, was wirklich geschehen ist.

6.9. „Wenn ich nehme, dann stirbt einer"

Eine Besonderheit besteht im Feto-fetalen Transfusionssyndrom (Bluttransfusion von einem Fetus zum anderen Fetus). Dabei sind die Blutkreisläufe der Zwillinge miteinander verbunden und münden in die gleiche Plazenta. Der eine ernährt sich sozusagen auf Kosten des anderen, der dabei Blut und auch Gewicht verliert. Bei den meisten führt das im frühen Stadium zum Tod des einen Zwillings. In der Prozessarbeit ist mir das wenige Male begegnet. Man erkennt es daran, dass der Klient das Gefühl hat, er wächst und Energie vom Zwilling bekommt, die ihn nährt, während der andere langsam abstirbt. Hier ist es besonders wichtig, dass der Überlebende hört, dass er nicht schuld ist am Tod des zweiten. Das kann der Zwilling nur ausdrücken, wenn er es so fühlt. Das kann nur ankommen, wenn es echt ist. In der Lebenskonsequenz zeigten die Klienten, bei denen das feto-fetale Transfusionssyndrom vorlag, ein krasses Ungleichgewicht im Nehmen und Geben in Beziehungen. Innerlich fühlten sie sich schuldig am Tod des Zwillings und entwickelten daraus den Zwang, entweder nichts mehr zu nehmen oder mehr zu geben als der Partner. Sie wollten auf gar keinen Fall „etwas schuldig bleiben".

6.10. "Du bist tot, weil ich dich nicht halten konnte"

Ein weiteres Missverständnis gaukelt dem Überlebenden vor, er hätte Angesichts des Todes irgendetwas tun können, um diesen Tod zu verhindern. In diesem Fall ist das Gefühl der Ohnmacht nicht wirklich empfunden worden, es wurde im Trauma abgespalten. Der Tod des Zwillings in diesem Schwangerschaftsstadium ist nicht zu verhindern. Das ist eine Tatsache, die es anzuerkennen gilt. Das Gefühl der Ohnmacht kreiert im späteren Leben Menschen, die unter allen Umständen versuchen, andere zu retten, um diese Ohnmacht zu vermeiden. Im beruflichen Kontext kann das eine unbewusste Motivation für Rettungssanitäters, Ärzte oder ähnlich rettende Tätigkeiten sein. Eine Frau z.B. wiederholte dieses Muster seit Jahren: Dem einen Mann half sie, berufliche Misserfolge abzuwenden, indem sie sein Geschäft auf Vordermann brachte. Den anderen Mann versuchte sie in

Co-Abhängigkeit vom Alkohol weg zu bringen – immer rettete sie schwächere Männer. Was letztendlich dazu führte, dass sie die Achtung vor ihnen verlor und die Beziehungen daran zerbrachen. Sie blieb allein zurück - wie damals im Mutterleib - in derselben Ohnmacht, die sie zu vermeiden suchte. Fazit: Abgespaltene Ohnmacht kreiert Ohnmacht.

6.11. "Ich würde für dich sterben"

Im Kontext der vorgeburtlichen Erfahrung stirbt der begleitende Zwilling, damit der andere bleiben kann. Das hat seine Richtigkeit darin, dass der Zweck die Begleitung bis zum sicheren Ankommen ist. Der Überlebende speichert, dass der Zwilling für ihn stirbt aus Liebe. Und macht in seinem Leben daraus, dass es ein Zeichen grosser Liebe ist, für einen anderen zu sterben.

Viele Menschen leben und lieben nach dieser Devise. Ich denke, dass in den meisten Fällen hier nicht die Liebe regiert, sondern das Missverständnis „Wenn ich mich für dich aufopfere, dann spürst du meine Liebe". Besonders wenn sie es im Mutterleib selbst so erlebt haben. Wenn der Zwilling uns ins Leben begleitet hat, damit wir leben, macht es einfach keinen Sinn, das eigene Leben wegzuwerfen. Eine entsprechende Lebenssituation könnte sein: Sie bleibt bei ihrem alkoholkranken Mann, obwohl er sie vielleicht schlägt, und verleugnet ihr eigenes Leben. Das ist falsch verstandene Liebe.

Ich glaube sehr wohl, dass es Schicksalsbegegnungen gibt, in denen jemand sein Leben für ein anderes gibt und es wirklich Liebe ist. Ein Beispiel wäre, wenn eine Mutter sich schützend vor ihr Kind stellt.

Opfer oder Täter

Ich habe in den zehn Jahren der Hauptbeschäftigung mit dem Phänomen des verlorenen Zwillings nur eine Handvoll Klienten erlebt, die Wahrnehmungen über Aggression in der frühen Zeit mit dem Zwilling hatten. Richtig gehend gewehrt hat sich eine Frau, die in einer Ecke der Gebärmutter Reste einer früheren Schwangerschaft, bzw. eines Abortes gefühlt hat. Eine andere Frau musste sich zur Geburt durch die Überreste ihres Zwillingsbruders (Fetus papyraceus) kämpfen. Was sich oft zeigt, ist Wut als Reaktion auf gestaute Ohnmacht, Verzweiflung und als gesunde „Wiederbelebung" nach einem emotionalen gefrorenen Schockzustand. Der emotionale Wutausdruck kann sehr wichtig sein, um aus dem Gefühl des Ausgeliefertseins herauszukommen. Die körperliche Wut wird meist über die Beine, auch über die Arme, seltener ohne Aufforderung über die Stimme ausgedrückt. Hier erlebe ich es als sehr hilfreich, dass sich diese Aggression im Sinn von Voranschreiten einen Weg bahnt und öffnet für die Verständnisebene. Solange Wut unausgedrückt vor sich hingrollt, ist tiefes Verständnis nicht möglich. Das Ausagieren von Wut und Enttäuschung alleine löst allerdings die emotionale Bindung noch nicht. Es sind Schritte auf dem Weg.

Der Vollständigkeit halber sei erwähnt, dass Reinkarnationstherapeuten auch andere Erfahrungen gemacht haben. Sie sprechen teilweise von Kampf um den Platz, der zum Tod führen kann. Ich habe diese Erfahrung nie gemacht und kann deshalb nicht darüber berichten. Ich vermute, dass es zwei verschiedene Ebenen der Betrachtung sind.

Mir geht es in meiner Arbeit auch nicht um Liebe und Harmonie um jeden Preis, sondern darum, vom Trauma weg auf das Lösende zu fokussieren. Das Verharren im Opfer sein löst genauso wenig wie das Verharren im Schuldgefühl der Täterseite. Den grösseren Zusammenhang zu erforschen, ist mein Ziel. Und das geht über die Täter-Opfer-Ebene hinaus. Vielleicht ist es auch nur meine Überzeugung, dass unter jedem Trauma ein Schatz verborgen liegt, den es zu bergen lohnt. Durch diesen Fokus bewahrheitet sich meine Überzeugung in der Therapie. Vielleicht verschmelzen hier auch die Ebenen von Traumatherapie, transpersonaler Therapie und Reinkarnationstherapie?

Eine andere Tatsache, mit der wir als Therapeuten in den nächsten Jahren zunehmend konfrontiert werden, sind die getöteten Embryos der Reproduktionsmedizin. An einigen Kliniken werden oder wurden zwei bis fünf befruchtete Eizellen eingesetzt, um eine höhere Erfolgschance zu bekommen. Im ersten Trimenon wurden dann Embryonen per Spritze getötet, um die Schwangerschaft der anderen nicht zu gefährden.

Wenn ein von der Natur eingerichtetes Phänomen wie der verlorene Zwilling im Mutterleib schon viele Auswirkungen hat – wie viel tiefer muss sich dann ein von aussen induzierter Gewaltakt in der Lebenskonsequenz zeigen? Ich gehe davon aus, dass die Auswirkungen mindestens die schweren Konsequenzen von Abtreibungs-Überlebenden haben.

7. Gesetzmässigkeiten

Die Gesetzmässigkeiten, über die ich hier schreibe, entsprechen nicht einer Theorie, sondern gründen sich auf meine Erfahrungen und Beobachtungen in den letzten zehn Jahren. Natürlich decken sie sich nicht mit den Wahrnehmungen im Trauma, sondern sind Wahrheiten der seelischen Ebene. Wer sie bezweifelt, dem kann ich sie nicht beweisen. Der, der sie erfahren hat, zweifelt nicht. Dem Betroffenen reicht es auch nicht, meine Wahrheit hier im Buch gelesen zu haben, denn das gibt bestenfalls eine Erklärung oder Rechtfertigung im Kopf. Solange es nicht wirklich gefühlt erfahren ist, ist es einfach ein Erklärungsmodell oder blanke Theorie. Dazu darf jeder seine Meinung haben und niemand muss mir glauben. Wenn man die Ebene eines Schicksalsschlages verlassen und hinter das Trauma schauen möchte, braucht es eine Einbettung in einen grösseren Kontext im transpersonalen Bereich. Zumal wir es hier mit dem Übergang von der Seelen- zur Körperebene zu tun haben. In diesem Grenzbereich des Seelischen kann ein biologisch wissenschaftlicher Nachweis nur einen Beitrag leisten, um mit dem Verstand nachzuvollziehen, was im Sichtbaren geschehen ist. Wie Saint - Exupéry schon sagte: „Das Wesentliche ist für das Auge unsichtbar. Man sieht nur mit dem Herzen gut". Auf der nachweisbaren Ebene bin ich heute froh um alles, was Ultraschalluntersuchungen sichtbar machen können. Dass sich Zwillinge an den Armen hielten, als einer starb, ist mittlerweile belegt und auf Video festgehalten. Dieser Film wurde auf der 13. Konferenz für Humanistische Medizin 2002 „Kommen und gehen" in Garmisch-Partenkirchen gezeigt.

Einiges, was meine Klienten in den letzten Jahren in ihrem inneren Prozess ausdrückten, kann heute bewiesen werden. Lange war ich darauf angewiesen, das als die jeweilige subjektive Wahrnehmung und Wahrheit des Klienten zu sehen. Aus diesen Erfahrungen ist die Sammlung der Gesetzmässigkeiten entstanden. Vielleicht ist das, was heute noch esoterisch anmutet, die Selbstverständlichkeit von morgen. Vor 50 Jahren gab es sicher auch „Spinner", die erzählten, dass Neugeborene Gefühle haben – heute eine erwiesene Tatsache. 1986 gestand Dr. Thomas Verny dem Fetus eine Seele ab dem 6. Monat zu, heute belegt der Ultraschall, dass sich schon Embryonen bei Punktionen von der Nadel wegbewegen und demnach auf Einflüsse von Aussen reagieren.

7.1. Heimat oder Seelenebene

Die Begegnung mit dem Zwilling im Mutterleib wirft die Frage auf: Was war vorher, woher kommen wir?

So habe ich den Raum vor dem körperlichen Sein im Mutterleib langsam erschlossen. In der Arbeit mit meinen Klienten fielen mir unterschiedliche Qualitäten auf: Anfangs erleben sie sich im körperlosen Zustand in einer Weite, es ist hell oder farbig, friedlich, frei. Sich selbst nehmen die meisten als Energie wahr, geistähnlich, unsichtbar oder als konzentrierten Energiepunkt. Dort ist einfach Sein, ein freies Fliessen in Entspannung und Bewusstsein, ein Zustand, in dem noch kein Ich-Gefühl existiert. Manche sind dort alleine, andere nehmen nach kurzer Zeit andere Seelen wahr. Das können einige wenige sein oder auch eine grosse Gruppe. Dieses Erleben ist mitunter sehr berührend. Verbunden und doch jeder für sich im Kontakt, Leichtigkeit, Freude, aufgenommen sein, Vertrautheit, Einheit ohne Romantik. Alle sind eins.

Die Beschreibungen meiner Klienten entsprechen dem Raum, den ich die Seelenebene nenne. Verschiedene Klienten sagten auch, dass dieser Zustand dem entspräche, was sie nach dem Sterben ersehnen. Für mich macht das Sinn. Denn es handelt sich hierbei um eine Erinnerung, woher sie kommen. Gefühlsmässig wünschen sie sich dorthin zurück, wenn sie sterben oder dem Leben entfliehen wollen.

Zu Hause

Stille Weite
Energie ohne Form
Ich dehne mich aus
Hinein in die Farben, hinein in die Stille
 hinein in euch,
Seelen, die ihr mich weit begleitet habt
Hier und dort
Immer.

Ich fühle mich klar und verbunden,
verbunden mit allem.
Ich bin dort, wo meine Aufmerksamkeit ist.
Frieden, Leichtigkeit, Heiterkeit
erfüllen mich und den Raum, was dasselbe ist.
Ich fliege, ich ruhe,
ich bin alleine, ich bin im Kontakt.
Lachen
miteinander sein
Wahrheit
Klarheit
Es ist, was ist.

Liebevolles Sein,
Vertrautheit ohne Geheimnisse
Verständnis ohne Worte
mit dir oder dir oder euch
oder alleine
alles ist gleichwertig,
es ist einfach.

Von dort komme ich und
dorthin gehe ich.
Im Sein bin ich zu Hause.

Barbara Schlochow, Januar 2002

7.2. Zeugung

Aus dieser Einheit mit dem, was ich die Seelengruppe nenne, kommt dann für viele überraschend ein Impuls, der sich anfühlt wie ein Sog. In meiner Erfahrung ist es eine Frage des Bewusstseins, wie der nächste Schritt wahrgenommen wird. Einige Klienten fühlen, dass es Zeit ist, woanders hinzugehen und folgen dem; andere werden von einem Sog mitgenommen. Der Augenblick der Zeugung ist für den Menschen von ausserordentlicher Bedeutung. Es ist die erste Schwelle ins Leben und die innere Haltung, mit der er sie passiert, prägt alle Übergänge, in denen ähnliche Qualitäten wie bei der Zeugung verlangt werden – Hingabe und Einverstandensein. Der Grad der Bewusstheit entscheidet darüber, ob er sich anschliessend noch an seine Lebensaufgabe erinnert. Diese könnte ihn leiten in den Herausforderungen des täglichen Lebens.

Lange Zeit versuchte ich herauszufinden, wie es plötzlich zu dem Sinneswandel kommt. In einem Augenblick noch bewusste Seele, dann Widerstand, Angst, Trotz, eine Einschränkung des Bewusstseins, dann ein Ich-Gefühl.

Mit scheint, je näher die Grenze zum Irdischen kommt, desto näher ist das ICH. In dem Raum vor der Zeugung, den ich als Ursprung oder Heimat bezeichne, scheint der Normalzustand das reine Sein zu sein. Dieser Raum wird als verbunden erlebt mit sich und allem, ein grosses Fliessen, eine Gleichzeitigkeit von allem. Die Seele spürt, was richtig ist. Dann erst, wenn sich die Seele der Grenze zum Körperlichen nähert, kommt das ICH zum Vorschein. Manchmal mit einer Vehemenz, als hätte es lange keinen Ausdruck gehabt. Vielleicht schlummert das ICH im Seelenzustand und wird erst durch die Energie der zukünftigen Eltern aktiviert. Im Fall nach unten kann man die Energie der zukünftigen Eltern erhaschen. Die Art, wie sie zusammen sind (als Paar und in der sexuellen Begegnung), passt irgendwie zur ankommenden Seele. Ich vermute, dass gemäss dem Resonanzprinzip die Energie der Eltern und des Kindes zusammenpassen.

Es haben auch schon andere Therapeuten, ich denke an Ronald D. Laing, Frank Lake und William Emerson (Pioniere der primärtherapeutischen Pränataltherapie), sowie Norbert Mayer und David Boadella (Befreite Lebensenergie) beschrieben, wie einflussreich die körperliche Zeugung auf die Entwicklung der gerade inkarnierenden Seele ist. Die Umstände der Zeugung (ob liebevoll oder mit Gewalt oder Berechnung) setzen einen grossen Impuls auf die spätere Einstellung zum Leben, zu Aggression, Sexualität und Umgang mit dem jeweils anderen Geschlecht.

Eindeutig jedoch ist, dass das ICH vor dem körperlichen Sein besteht; beides, die Seele und das ICH tauchen in das befruchtete Ei ein. Letztendlich ist es auch das ICH, das das Folgende als Trauma wahrnimmt. Meine Arbeit versucht, dort mit der Seelenebene in Kontakt zu bleiben, um zu verstehen, worum es eigentlich geht oder gegangen wäre.

Diese Frage um das ICH hat mich lange beschäftigt und ich bin noch zu keinem klaren Schluss gekommen. Aber es hat sich mir gezeigt, dass es sich lohnt auf beide Seiten zu schauen: Mit welcher inneren Haltung kam die Seele in den Körper? Unter welchen Umständen und mit welcher inneren Haltung wurde dieses Kind von den Eltern gezeugt? Diesen Vorgang nenne ich Zeugung. Damit meine ich in erster Linie die Möglichkeit, dass der Seele ein Körper zur Verfügung steht. Man kann die Zeugung aus zwei Blickwinkeln betrachten: Aus der Sicht des „Kindes", also der Seele, die kommt oder aus der Sicht der Eltern, die gerade im (hoffentlich) Liebesakt die körperlichen Voraussetzungen für das neue Leben (Befruchtung) schaffen. Gehen wir vom besten Fall aus, dann war auf beiden Seiten Liebe: Die Eltern vereinigen sich in Lust und Zuneigung und die Seele wird aus Liebe von einer anderen begleitet.

7.3. Begleitung

Wer einen Zwilling hatte, brauchte Hilfe bei dem Übergang vom nicht-körperliche Zustand in den Körper hinein. Wann immer eine Seele zur Begleitung mitging, zeigte der spätere Überlebende Angst oder Trotz, kurz bevor er sich fallen ließ. Der Übergang wird folgendermassen beschrieben: Ein Sog kommt plötzlich, ein Tunnel oder ein Loch tun sich auf und meistens geht es nach unten. Er kann sich auch als Schwelle, Kante oder Klippe darstellen. Immer braucht es Vertrauen und Hingabe, sich fallen zu lassen oder einen Schritt zumachen. Im nichtkörperlichen Zustand hat die Seele Zugang zu Informationen, für die es Sinn macht, ins Leben zu gehen. Das könnte eine Aufgabe im weitesten Sinn, die Zugehörigkeit zu einer Seelenfamilie oder die Anziehung zu einem Elternteil sein.

Ein wichtiger Punkt an dieser Stelle ist, dass die Begleitung oft eine Abhängigkeit vom Zwilling schafft. So mancher Klient hat eine Haltung von: „Ich gehe nur, wenn du mitgehst." Oder: „Wo du hingehst, da gehe ich auch hin." oder Ähnliches. Haltungen dieser Art drücken sich im Leben meistens dadurch aus, dass grosse Schritte nur in Begleitung gemacht werden, oder manches völlig unterbleibt, weil keiner mitgeht. Sich Wehren oder Trotz führen auch zu einer Begleitung. In der Arbeit höre ich oft: „Ohne ihn oder sie wäre ich nicht gekommen". Ausserdem liegt hier eine Grundeinstellung zum Leben vor, wie z.B. „Ich kann das nicht" „Ich will das nicht" „Ich will hier nicht weg" „Ich will nicht dorthin" „Ich traue mich nicht alleine" „Ich habe Angst". Diese Einstellung zeigt sich natürlich im Alltag in Form von Ängsten oder Abhängigkeiten, was man alles nicht alleine macht oder machen kann oder sich nicht zutraut. Der entsprechende Satz prägt die innere Haltung, wie man dem Leben in einer Herausforderung begegnet. Diese Herausforderungen können Übergänge sein wie Kindergarten, Schuleintritt, Berufsanfang, Wohnungswechsel - jeder Wechsel, den man zum ersten Mal im Leben macht. Solange der Schritt ins Leben verbunden ist mit der Bedingung, dass eine andere Seele mitkommt und dabei vielleicht sogar die eigene Lebensaufgabe vergessen wird, besteht eine Abhängigkeit, ja der Zwilling wird zum Lebenssinn. Entsprechend gross ist dann die Leere, wenn er stirbt. Und entsprechend sinnentleert fühlt es sich im Leben manchmal an, bis der Betroffene sich auf den Weg macht und sich erinnert. Da es ja letztendlich um die Freiheit geht, das zu tun, was das richtige ist, kann das Lösen einer solchen Abhängigkeit nur von Vorteil sein. Mir geht es darum, nicht die Geschichte zu verändern, sondern diese Art von Bindung in eine Verbindung in Freiheit zu verwandeln (David Boadella: „from cording to bonding" Theorie Geburtsblock T14, Ausbildungsunterlagen).

Manche kommen an diesem Übergang schon zu zweit oder zu mehreren an. Andere stolpern dort hinein, haben Angst und entdecken dann eine andere Seele an ihrer Seite. Das kann sehr unterschiedlich sein. Meist ist der Schritt über die Schwelle der Zeugung die Entscheidung, sich auf das Abenteuer Leben einzulassen. Der Zwilling gibt Begleitung und Sicherheit und den meisten Klienten ist nicht klar, dass diese Begleitung vorübergehend ist. Wohingegen der Zwilling sich seiner Aufgabe der Begleitung von Anfang an bewusst ist. Seine Aufgabe besteht darin, ein Stück mitzugehen, bis der Mensch im Körper angekommen ist und sich auf diese neue Umgebung eingestellt hat. Der Begleiter gibt ihm Sicherheit, Vertrauen, Liebe, ist ganz da und präsent, bis er sicher sein kann, dass der Mensch seinen Platz in der Gebärmutter eingenommen hat. Physiologisch ist die Einnistung des befruchteten Eies in der Gebärmutterschleimhaut am Ende der ersten Woche.

7.4. Verbindung und Bindung

In der Regel macht der begleitende Zwilling von sich aus keine Bindung zum Bleibenden. Die Energie, die von seiner Seite entsteht, ist von freilassender Zuneigung oder Liebe. Vergleichbar damit, wenn eine Mutter ihr Kind in den Kindergarten begleitet und dort zurücklässt, im Wissen, dass es das Richtige und das Kind dort sicher aufgehoben ist. Wenn man sich in die Rolle des Begleitenden hinein begibt, z.B. in der Prozessarbeit, wie ich sie entwickelt habe, fühlt man keine persönliche Liebe. Da ist eine grosse Zuneigung, viel Wohlwollen, ein Gefühl von Liebe, dem anderen nur das Beste zur Verfügung zu stellen, alles zu tun, was für ihn hilfreich ist, ohne eine persönliche Bindung herzustellen. Bedingungslos ist wohl das beste

Wort, um diesen Zustand zu beschreiben. Der Zwilling ist ein Bote der Hingabe, ständig im Bewusstsein seiner Aufgabe. Auch wenn sich der Bleibende geliebt fühlt und den Eindruck hat, dass beide dasselbe fühlen, stimmt das nur begrenzt. Der Unterschied liegt in der Bindung. Der Bleibende liebt persönlich, will halten, will, dass dieser Zustand bleibt, er will sich an den anderen binden. Wohingegen der Begleitende in Verbindung bleibt, in jedem Fall. Ob er nun physisch lebt oder in unserem Verständnis tot ist. Es gilt, in der Therapie diese Bindung zulösen, um in Verbindung zu kommen. Denn die Liebe darf sein und die hält nicht fest.

7.5. Zwillings-Konstellationen

Die meisten, die sich weigern oder Angst haben, werden von Seelen begleitet, die dann im weiteren Verlauf als „Geschwister im Mutterleib" bezeichnet werden. Dabei habe ich folgende Konstellationen beobachtet:

1. Eine Seele geht mit bis vor die Inkarnation. Sie macht Mut, um über die Schwelle zu gehen, sozusagen als Nothelfer, inkarniert aber selbst nicht. Bei den Menschen, bei denen sich der Zwilling schon vor dem Mutterleib verabschiedet hat, ist die Identifizierung meist auch nicht so ausgeprägt, weil sie keine körperliche Prägung im Trauma haben. Die Erinnerung an den Begleiter ist oft seelischer Natur. Bei ihnen kommt es im Wesentlichen auf die innere Haltung an, mit der sie die Schwelle passiert haben.

2. Eine Seele geht mit bis in den Körper, eineiig oder zweieiig. Die Motivation jemanden als Zwilling zu begleiten, kann verschieden sein. Und ist oft eine Frage der seelischen Reife.

2.1 Damit der andere nicht alleine ist: Es kann ein Akt von Demut, Hingabe und Liebe sein, damit derjenige, der bleiben soll, am Anfang nicht alleine ist. Durch das Miteinander werden Gefühle von Sicherheit, Geborgenheit, Entspannung und Liebe im Körper als Prägung verankert. Mir scheint es manchmal, dass diese Erfahrung uns erinnern will, was möglich ist, wenn wir uns ganz öffnen. Was gibt es Schöneres, als mit solch einer Liebeserfahrung das körperliche Sein zu beginnen?

2.2 Um ihm vorzumachen, wie man sich auf den Körper einlässt: Ich habe auch schon erlebt, dass der Begleiter sich ins körperliche Sein ergeben hat, wie um dem anderen zu zeigen, wie das geht. Auffällig ist, dass das nur bei besonders trotzigen Klienten der Fall war. Wie wenn die Seele Hilfe oder ein Vorbild bräuchte, um sich wirklich im Körper niederzulassen. In diesen Fällen waren die Zwillinge zeitlich länger im Mutterleib, sicher bis in den dritten Monat hinein. Die Prägungen, die hier geschehen, sind besonders körperlich und in ihren Lebenskonsequenzen emotional besonders heftig.

2.3 Um selbst etwas zu lernen oder erfahren: In einigen Prozessarbeiten kam zum Vorschein, dass der Zwilling selbst etwas erfahren wollte. In Qualitäten ausgedrückt, ging es um bedingungslose Liebe, Hingabe oder „in Liebe zu gehen". Hier habe ich auch beobachtet, dass der Zwilling beim Abschied traurig war.

3. Zwei Seelen stehen zur Begleitung bereit: Wenn an der Schwelle in denselben Mutterleib drei Seelen stehen, muss man genau schauen, was weiter geschehen ist. Ich habe einige Male schon mit Zwillingen gearbeitet, die einen Drilling verloren hatten. In diesen Fällen fühlten sich die beiden Überlebenden unterschiedlich betroffen vom Trauma.

3.1 Beide Begleiter gehen mit in den Körper: Wenn alle drei im Mutterleib ankommen, dann handelt es sich normalerweise um zwei Begleiter unterschiedlicher seelischer Reife. Im Nachfragen stellt sich heraus, dass einer so etwas wie der Lehrling im Begleiten ist, der andere sein Lehrer. Wo liegt die Aufmerksamkeit? Schaut der Lehrer auf beide oder konzentriert er sich auf den Lehrling? Wenn er auf beide schaut, dann schafft er eine Atmosphäre von Gehaltensein. Normalerweise beziehen sich die beiden anderen aufeinander. Emotional wird diese Seele oft als nicht so wichtig wahrgenommen für den Überlebenden.

Dieser bezieht ausschliesslich auf seinen Begleiter. Der Lehrer kann im Abschied unterschiedliche Funktionen haben. Wer jemals die Chance hatte, in diesen Part hineinzufühlen, weiss, was bedingungslose Liebe bedeutet.

Der Lehrer bleibt oben und überlässt die Verantwortung dem Begleiter. Er holt ihn aber im Notfall zurück, falls er es nicht schafft, von alleine zurückzukehren. Der Lehrer beobachtet von dort, bleibt energetisch in Kontakt mit dem Begleiter, erinnert ihn vielleicht, wenn es Zeit ist, zu gehen und verhindert so, dass der Begleiter seine Aufgabe vergisst. Was jetzt vielleicht theoretisch oder esoterisch anmutet, sind komplexe seelische Gesetzmässigkeiten. Hier zeigt sich, dass es im Zwillingsgeschehen niemals um die Beziehung als solche geht, sondern immer um eine Aufgabe, die dahinter steht.

Ich bin überzeugt, dass dieser Zusammenhang auch für das Leben gilt: Die Beziehung muss sich der Aufgabe unterordnen. Wenn die Aufgabe nicht Vorrang hat, geht die Beziehung daran zugrunde. Das kann jeder für sich prüfen. Mit Aufgabe im Leben meine ich nicht den Beruf oder ob jemand drei Kinder bekommt, ein Haus baut oder einen Baum pflanzt. Sondern den eigenen Plan, nach dem man angetreten ist, eine Erfahrung zu machen, etwas zu erleben, zu lernen oder eine (oder mehrere) Qualitäten zur Verfügung zu stellen. In einer Zeit des Bewusstseinswandels ist jeder aufgerufen, seine Aufgabe zu erfüllen, mit der er angetreten ist. Vielleicht war das immer und zu allen Zeiten schon so.

Norbert Mayer beschreibt auch das Phänomen von noch mehr Begleitern, darüber kann ich jedoch nichts sagen. Was sicher zunehmen wird, sind die Folgen der Reproduktionsmedizin, wenn mehr als zwei Embryonen in den Uterus eingesetzt worden sind. Ich verfüge noch nicht über eigene Erfahrung mit solchen Klienten.

Wenn jemand zwei Begleiter hat, ist er später prädestiniert für Dreieckskonstellationen, weil Beziehung zu dritt seine ursprüngliche Erfahrung ist. Das heisst aber nicht, dass dieser Mensch besser geeignet ist, solch eine Konstellation zu leben. Es kommt sehr darauf an, auf welcher Ebene die Beziehung stattfindet. Wenn eine

Frau immer zwei beste Freundinnen hat, ist es weniger problematisch, als wenn sie zwei Liebesbeziehungen hat. Die Qualität der beiden Geschwisterbeziehungen wird später ohne Rücksicht auf irgendwelche Ähnlichkeiten oder Geschlecht projiziert. Das trägt erheblich dazu bei, dass es Schwierigkeiten in Liebesbeziehungen gibt. Hat ein Klient eine Dreieckskonstellation bei der Zeugung oder im Mutterleib, ist es wichtig, genau herauszuarbeiten, wer welche Aufgabe hat. Warum sind sie zu dritt? Wer ist für was oder für wen zuständig? Es ist wichtig, dass der Klient die Information in sich findet, dass er sie fühlen kann und versteht. Jede Dreiecksbeziehung, die der Klient später lebt, verläuft nach diesem Muster. Die Auflösung ist dann genauso übertragbar. Oft reicht es schon, eine gute Freundin oder einen gemeinsamen Freund als drittes Element dazuzunehmen, damit die Paarbeziehung stabilisiert wird. Das ist ein spannendes Thema und die Lösung muss im Einzelfall angeschaut werden

Wahrnehmung der Klientin der Gefühle am Lebensbeginn: Kraft und Wärme, Lebendigkeit und drei Funken (Embryonen), die daraus entstehen

7.6. Inkarnation und Lebensaufgabe

Die Seele hat sich immer etwas vorgenommen, wenn sie inkarnieren möchte. Meiner Auffassung nach kann die Lebensaufgabe in Qualitäten beschrieben werden, in der Entwicklung von Fähigkeiten, von menschlichen Stärken. Hier geht es nicht um ein Lebenskonzept, was jemand will. Die Lebensaufgabe hat nichts mit dem Ego Willen zu tun, es wird nicht in Ruhm, Erfolg, Geld, Macht, Einfluss, Ansehen gemessen. Vielmehr zeigen sich die Fähigkeiten der Seele im Handeln. Das können Worte sein wie Demut, Hingabe, Loslassen, Mitgefühl, Gefühle spüren und leben, sich bewegen und bewegen lassen, Gerechtigkeit, hinter die Dinge schauen, verstehen und verzeihen, Schaffen und Schöpfen, Liebe erfahren, geben und nehmen, Leichtigkeit, Mitgefühl, Verständnis, Klarheit, Unabhängigkeit, Freude haben und machen, Liebe lernen, geben und annehmen, Wahrheit, Herz öffnen, Lebendigkeit, Sein, Selbstliebe, Verantwortung, Wissen weitergeben, usw. Und das ist nur ein Ausschnitt an Möglichkeiten.

Was immer deine Seele gewählt hat, sie wird es erfahren und entwickeln. Meine tiefste Überzeugung ist, dass wir in jedem Fall – egal wie bewusst oder unbewusst wir sind – in unsere Entwicklungsaufgabe hineinwachsen. Im Laufe des Lebens loten wir dieses Thema von allen Seiten aus, bis wir verstanden haben.

Ein Beispiel: Wer Hingabe entwickeln möchte, wird vielleicht mit viel Widerstand losgehen, als Kind und Jugendlicher, oder auch als Erwachsener sehr trotzig sein, sich auflehnen, das Thema Autorität erkunden in Vaterfiguren, Lehrern, Institutionen, Vorgesetzten. Er oder sie wird lernen, sich einzufügen in einen Zusammenhang. Ihm wird das Leben Situationen bescheren, in denen es Ja zu sagen gilt. Das kann eine Firma genauso sein wie eine Familie oder ein Beruf oder eine Tätigkeit, die sehr viel Hingabe erfordert. Seien es z.B. Kinder, Patienten, ein Unternehmen, eine politische Aufgabe, eine Stiftung gegen Leukämie, ein SOS-Kinderdorf, ein Regionalprojekt. Es wird immer um einen grösseren Kontext gehen, als nur das eigene Wohl und es muss keineswegs ehrenamtlich oder sozial sein. Das heisst auch nicht, sich selbst dafür zu vergessen, sondern sich in den Dienst zu stellen.

Was man letztendlich tut, ist gar nicht so wichtig, sondern die innere Haltung, mit der man es tut. Und Hingabe ist keineswegs nur eine weibliche Qualität.

Wenn jemand Freude oder Fröhlichkeit in seiner Lebensaufgabe hat, kann das heissen, das er sich in Situationen wiederfindet, die weit weg sind von Freude, um sie von dort aus zu entwickeln. Normalerweise sind die in der Aufgabe geforderten Fähigkeiten nicht unbekannt, aber dennoch gilt es, sie zu entwickeln. Das Leben zeigt jedem von uns, was wir lernen und entwickeln sollen. Das eigene Leben unter diesem Blickwinkel zu betrachten, löst manches Fragezeichen.

Wenn jemand Demut zu lernen hat, wird er mit seinem Ego konfrontiert. Wenn er hadert oder sich beständig wehrt, statt zu lernen, sich unterzuordnen unter etwas Grösseres, seine Arbeit in den Dienst des Ganzen zu stellen, wird es schmerzhaft. Sobald er erkennt, worum es geht und beginnt, sich dem zu fügen, werden die Situationen ihn unterstützen. Er hört auf, sich dem Leben entgegen zu stellen. Manche Berufe sind prädestiniert für dieses Thema, z.B. alle pflegenden oder helfenden Berufe, sei es Krankenpflege oder Psychotherapie. Im Grunde ist es egal, wo man auf der Hierarchieleiter steht, es würde eigentlich immer um das grössere Ganze gehen.

Wer Vertrauen zu lernen hat, wird sicherlich Situationen ausgesetzt sein, in denen er Angst hat oder nicht weiss, was weiter auf ihn zukommt. Das kann eine plötzliche Kündigung im Beruf genauso sein, wie eine Vertrauensfrage in der Partnerschaft oder Leben in ungesicherten Verhältnissen. Selbstverständlich wird jeder Mensch im Laufe seines Lebens Vertrauen, Demut oder Hingabe begegnen. Wenn es jedoch in der Lebensaufgabe ist, wird ein Hauptfokus dort liegen.

Wer mit dem Thema Liebe unterwegs ist, hat den Hauptfokus vielleicht zu Beginn auf Beziehungen, später auf Fragen wie: Was bedeutet Liebe für mich? Was tue ich aus Liebe? Was darf ich aus Liebe nicht tun? Wo heisst Liebe loslassen? oder Wie liebe ich mich selbst? usw.

Wen das Leben mit Loslassen fordert, der wird vielleicht viel verlieren in seiner Wahrnehmung. Wenn er dann erkennt, wozu es dient, kann er vielleicht die Geschenke, die dem Verlust folgen, erst annehmen.

Das sind nur einige Beispiele für Themen der Lebensaufgabe. Für den Klienten ist es wichtig, diese zum Teil grossen Worte in die Kleinigkeiten des Alltags zu übersetzen, damit sie nicht irgendwelche spirituellen Thesen bleiben, sondern Boden bekommen. Denn es sind die ganz alltäglichen Gegebenheiten, in denen wir üben und aus denen sich unsere Befindlichkeit ergibt. Ein Beispiel: Manchmal ist schon ein Lächeln aus dem Herzen für die Frau an der Kasse des Supermarktes ein Akt der Liebe und vielleicht der einzige an diesem Tag. Bewusst erlebt, nährt er beide. Hilfreich ist es auch, schwierige Situationen aus dem Leben des Klienten unter diesem Blickwinkel zu beleuchten und zu schauen, wo er angestossen ist und was er vielleicht trotzdem daraus gelernt hat oder was er hätte lernen können. Diese Haltung trägt dazu bei, die Erfahrung zu machen, dass das Leben ihn unterstützt. Eine Hausaufgabe, die ich Klienten gebe, ist, jeden Abend vor dem Schlafen kurz die Ereignisse des Tages unter den Themen der Lebensaufgabe zu betrachten. „Wo bin ich angestossen? Wo waren Schwierigkeiten oder wo habe ich etwas gelernt?" Das hilft, das Übungsfeld in den alltäglichen Winzigkeiten zu erkennen.

Lebensaufgaben haben es an sich, dass man sie übers Leben hinweg entwickelt, dass man sich damit herumschlägt, dass man daran lernt, manchmal daran leidet, daran wächst und reift. Die Szenarien mögen sich ändern im Laufe der Jahre, die Kontexte sich verschieben – das Thema wird bleiben. Es ist individuell und folgt seinem eigenen Tempo. Man kann es weder loswerden, noch umgehen. Es wird sich fortsetzen und vollenden und die Lebensumstände werden dazu beitragen. Wenn wir mit unserer Aufgabe verbunden sind, unterstützt uns das Leben. Wenn jeder bewusst täte, wofür er angetreten ist, wären alle zufriedener. Jeder hat Verantwortung für sich und für das, was er tut. Wer die Verantwortung hat, behält die Kraft. Das ist natürliche Autorität. Es ist eine Frage, wie viel jemand bereit ist zu tragen - für die Gemeinschaft. Je mehr Verantwortung, desto mehr Autorität.

Die Lebensaufgabe

Da steh ich nun,
am Rand der Welt,
um einzutauchen in das,
was Leben heisst.
Vor Augen die Aufgabe
für die ich angetreten bin.

„Liebe, Hingabe, Vertrauen, Demut"
Worte, die zu füllen ich ein ganzes
Menschenleben mir genommen habe.
Um Herauszufinden, was sie bedeuten - in der Tiefe.
Um Auszuloten, was wirklich wichtig ist,
zu erkunden die hellen und die dunklen Seiten.
Auf dass ich Meister werde meiner Seele,
meisterlich in dem, was sie vermag.
Zu lieben im Grossen wie im Kleinen,
mich hinzugeben dem Leben genauso wie dem Tod.
Zu vertrauen - mir, dir, dem Lauf der Dinge
und seiner Richtigkeit.
In Demut gebeugt mein Haupt, voll Dankbarkeit,
eingeordnet in die kleine und die grosse Welt
bin ich mutig genug, dem Ruf des Herzens zu folgen.

Dafür gehe ich gerne
denn wenn ich dieser Route folge,
bin ich zur rechten Zeit am rechten Ort
und werde alles finden, was es braucht,
um einzulösen, was meiner Seele würdig ist.

Barbara Schlochow, Januar 2002

7.7. Leben und Sterben verbunden durch die Liebe

In der Erfahrung mit dem Zwillingsgeschwister liegen das Leben und der Tod verbunden durch die Liebe Seite an Seite. Indem einer stirbt, kann der andere leben und seinen Platz einnehmen. Denn meist wäre er ohne den gestorbenen Zwilling nicht soweit gekommen. Die Begleitung des Zwillings, die den Tod einschliesst, bedingt das Leben. Die Liebe fordert das Loslassen auf beiden Seiten. Das Lösende ist der Dank. Im Dank geht die Liebe auf, weitet die Grenzen über den Willen des Egos hinaus, vollendet, was richtig und auf Seelenebene beschlossen ist. Es gilt das zu achten, was ist, ohne es verhindern zu wollen – im Leben und in der Therapie genauso wie im Mutterleib. Der Zwilling ist im Sterben einverstanden mit dem, was ihm da geschieht. Meistens wird er vom Überlebenden als ruhig und zurückgezogen beschrieben. Es scheint, dass das Sterben zu diesem Zeitpunkt, wo die Seele noch nicht so fest im Körper verankert ist, leicht geht. Körperlicher Schmerz hängt wohl vom Entwicklungsstadium ab. Vielleicht geht es leichter, weil die Pforten so nah nebeneinander sind. So als wäre die Tür zur anderen Welt nur angelehnt. Der eine kann sein, weil der andere da ist und wieder geht. Erst führt er ihn zu seinem Platz, dann macht er ihm Platz. Der eine würde ohne den anderen nicht kommen, sein Platz bliebe leer. Der Begleiter sorgt dafür, dass der Begleitete den Platz einnimmt, der ihm gebührt. Nichts ist da zufällig. Er erfüllt seine Aufgabe, indem er dafür sorgt, dass der andere seine Aufgabe erfüllen kann. Es geht immer um das grosse Ganze, nie nur um den einzelnen. Es haben immer beide einen Gewinn. Der, der begleitet, kann seine Liebe auf jemanden richten und macht dadurch selber eine Erfahrung. Die Zwillingsgeschwister sind uns Hilfe, ob sie nun leben oder sterben. Manche Klienten berichten, ihr Zwilling würde ihnen vor seinem Tod noch Kraft oder Wissen zufliessen lassen.

Die Grenze von Leben und Sterben ist eine feine Linie, die sich dadurch unterscheidet, dass die eine Ebene körperlich ist, während die andere nicht körperlich ist. Je fester die Seele mit dem Körper verankert ist, desto mehr vergisst man, was man im Seelenzustand noch gewusst hat. Aber auch im seelischen Zustand scheint es verschiedene Ebenen oder Abstufungen des Bewusstseins zu geben.

Zusammenfassend bedeutet das, dass das Gefühl, in dem das Zwillingsgeschehen erinnert wird, genau dieses Gefühl hervorruft. Das bedeutet, wenn jemand Trauer mit dem Zwilling assoziiert, wenn Trauer das vorherrschende Gefühl ist, dann wird die Lebenskonsequenz sein, dass seine oder ihre Beziehungen Trauer schaffen. Wenn jemand sich nach dem Zwilling sehnt, wird er Beziehungskonstellationen wählen, in denen er Sehnsucht fühlt. Wer Verlust mit dem vorgeburtlichen Ereignis verbindet, wird die Verlusterfahrung wiederholen. Wer den Zwilling mit Liebe und Dankbarkeit verbindet, wird Liebe und Dankbarkeit in Beziehung erfahren. Das Loslassen des Zwillings schafft Freiheit und damit Liebe. Das ist das Ziel meines therapeutischen Vorgehens!

8. Therapie oder „Wie aus dem Trauma ein Segen wird"

Am Anfang meiner Beschäftigung mit diesem Thema vor zehn Jahren interessierte mich am meisten, was meine Klienten wie wahrnehmen. Zuerst hatte ich ja nur meine Erinnerung an diese frühe Zeit und war natürlich gespannt, wo es Ähnlichkeiten und wo es Unterschiede gab. Ein Brennpunkt meiner Aufmerksamkeit war, wie andere den Körper wahrnehmen: Ab wann der Körper gespürt wird, was sich zuerst entwickelt, ob die Seele Wachstum fühlt, ob es ein einheitliches Gefühl mit dem Zwilling gibt oder ob das individuell ist. Ich hatte viele Fragen und jede Arbeit war für mich eine grosse Reise in die vorgeburtliche Welt mit einer ähnlichen Leidenschaft wie die, mit der mich das Buch von Lennart Nilsson als Jungendliche verzaubert hatte. Als Hebamme war meine Aufgabe von aussen Mutter und Kind zu begleiten und via CTG (Herztöne abhören) und Untersuchung zu merken, wenn etwas nicht in Ordnung war. Mich hat damals schon interessiert, wie das Kind den Geburtsvorgang erlebt, was es vom Aussen hört, spürt, ob bzw. wie es teilnimmt am Geschehen. Denn dass es teilnimmt, war mir immer klar.

Die schulmedizinische Hebamme in mir wollte genau wissen, am liebsten nachweisen. Die intuitive Frau in mir hat geglaubt. Wissenschaftlich nachweisen kann ich nicht, aber heute kann ich mit meinen Aufzeichnungen belegen, wie viele Menschen in den gleichen Stadien dieselben oder ähnliche Empfindungen gehabt haben. Das ist zwar nicht wissenschaftlich, war mir aber genug, um diese Wahrnehmungen als Wahrheit anzuerkennen.

Anfangs liess ich die Klienten nacherleben, was damals geschah, damit sie selbst die Ursache in aktuellen oder vergangenen Lebenssituationen erkennen konnten. Das hat dazu beigetragen, dass sie besser verstanden. Im Laufe der vielen Rückführungen habe ich die Zusammenhänge erkannt. Die erste Veränderung machte ich in der Zeugung. Als ich entdeckt hatte, dass dort wesentliche Prägungen festgelegt werden in Bezug auf die Einstellung zum Leben, begann ich dort die Rückführung zu unterbrechen und auf eine neue Haltung mit dem Klienten hinzuarbeiten. Im

Anschluss daran, veränderte sich der gesamte weitere Verlauf der Rückführung. So lernte ich, dass diese Prägungen Einfluss nehmen auf das Geschehen und die Wahrnehmung.

Im Beispiel: Wenn der Klient anfangs ängstlich war und unbedingt nur mit dem Zwilling ins Leben gehen wollte, wenn überhaupt, dann erarbeiteten wir ein eigenständiges „Ja zum Leben". Das führte dazu, dass er später bei der Verabschiedung leichter zustimmen und anschliessend die Zeit alleine ganz anders erleben konnte, als die Klienten, die einfach nur wiedererlebt hatten.

Der nächste Schritt war die Unterteilung der gesamten Prozessarbeit in Zeiteinheiten, mit Pausen dazwischen, damit das Erlebte auch integriert werden konnte. Damit erzielte ich gute Ergebnisse. Aber immer noch ging jeder Klient denselben Weg, wenn er mit mir eine Zwillingsgeschichte aufarbeitete. Durch die Verbindung mit der Biosynthese erweiterte ich dann mein Arbeitsfeld von reiner Einzelarbeit mit Rückführung zu Gruppenprozessen mit Körpereinsatz. Heute ist das die hauptsächliche Form. Innerhalb der Gruppe mit sechs bis zehn TeilnehmerInnen lösen wir nach Möglichkeit das auf, was blockiert ist. So wird der einzelne Prozess sehr individuell und die restliche Gruppe profitiert davon. Weil die meisten Klienten am selben Thema arbeiten, ergibt es sich von selbst, dass der eine im Inkarnationsprozess ist und ein anderer an der Verabschiedung oder am Kontakt mit der Mutter. So haben alle Klienten die Möglichkeit, ein Stück von ihrer Geschichte durch die Arbeit eines anderen mitzulösen. Sie durchlaufen nur durch ihre Anwesenheit die verschiedenen Entwicklungsstadien mit. Je nachdem sind sie von der Arbeit in der Mitte sehr berührt. Durch die Gruppe zeigt sich die Fülle der Lebenskonsequenzen genauso wie die Fülle der Lösungen. Hier hilft das Prinzip mit, das vom Familienstellen bekannt ist – ein Feld wird geöffnet und jeder hat daran Anteil. Visualisierungen, also die Erfahrung mit inneren Bildern ist hilfreich. Unterstützend in der Loslösung wirkt auch die kreative Homöopathie und ich bin sehr dankbar, mit sehr erfahrenen Homöopathinnen zusammenarbeiten zu dürfen. In meinem eigenen Prozess mit dem Zwillingsthema gelang es mir irgendwann, mit Hilfe einer Therapeutin unter bzw. hinter das Trauma zu schauen und die Qualitäten zu entdecken. Weil ich damit heilsame Erfahrungen gemacht hatte, wollte ich diesen Blickwinkel auch meinen Klienten zur Verfügung stellen. Daraus hat sich meine heutige Arbeitsweise entwickelt, so wie ich sie hier darstellen möchte.

8.1. Das „Ja zum Leben" in der Zeugung

Der Zwilling stellt für die meisten Menschen eine Hilfe dar, den Schritt in die Inkarnation zu machen, sich fallen zulassen ins Leben, in die Gebärmutter hinein. Sie hätten diesen Schritt ganz sicher nicht alleine vollzogen. Die Entscheidung alleine zu gehen, ist eine wesentliche Voraussetzung, um später gut Abschied zu nehmen. Deshalb spielt das „Ja zum Leben" alleine, ohne den Zwilling hier eine grosse Rolle. In dieser Arbeit macht sich der Klient auch klar, wofür es gut ist, auf die Welt zu kommen, was seine Lebensaufgabe ist. Das bildet die Grundlage, um die alte Entscheidung, die von Angst oder Trotz geprägt war, durch eine Neue zu ersetzen, so als ob er sie heute mit mehr Einsicht noch einmal treffen würde. Ich lasse den Klienten dabei einen Satz finden und im Körper verankern, der diese neue Entscheidung ausdrückt. Das kann z.B. sein: „Ich nehme mein Leben mit Freude an." Oder „Ich vertraue mich dem Leben an." o.Ä. Wichtig dabei ist es, eine Formulierung zu finden, die sich in der Körperwahrnehmung gut anfühlt. Das heisst, zu dem der Körper und damit das Unterbewusstsein des Klienten auch wirklich ja sagen. Hier verwende ich viel Zeit, denn sonst kann die neue Entscheidung nicht integriert werden und bringt keinen Erfolg. Das „Ja zum Leben" löst die erste Abhängigkeit zum Zwilling auf und erleichtert im Abschied das Loslassen.

Integration: Wenn jemand jahrelang mit einem innerlichen „Nein" oder „Ja, aber" dem Leben gegenüber gelebt hat, lässt sich das nicht mit einer Entscheidung beheben und dann ist es gut. Diese neue Entscheidung will verinnerlicht werden. Je nachdem, wie sich die Lebensverweigerung gezeigt hat, braucht es dort Korrekturen im gelebten Alltag.

Beispiel Maria oder Der Tod eines Kindes liegt über dem Zwillingstrauma

Maria kam zu mir, weil ihr Psychiater sie geschickt hatte. In einer Familienaufstellung in seiner Gruppe kam ein verlorener Zwillingsbruder zum Vorschein. Er betreute die Klientin seit geraumer Zeit wegen Depressionen, sie nahm seit Jahren Antidepressiva und Schlafmittel (nicht durchgehend), weil sie eine Schlafstörung hatte. Sie hatte eine Beziehung mit einem Mann, an dem sie sehr hing und mit dem es immer wieder sehr schwierig war.

In der Anamnese zeigen sich folgende Ereignisse: Mit 20 Jahren verlässt sie zwei Monate vor der Hochzeit ihren Verlobten ohne ersichtlichen Grund. Mit 23 Jahren ereilt sie ein „Guillain-Barré-Syndrom" und lähmt sie vom Hals an für ca. ein Jahr. Mit 30 Jahren ist sie schwanger mit dem zweiten Kind, erfährt in der 20. Schwangerschaftswoche, dass das Kind schwer behindert und nicht lebensfähig ist. Sie folgt dem Angebot des Arztes und lässt einen Schwangerschaftsabbruch mit Kaiserschnitt machen. Das verarbeitet sie in keiner Therapie. Mit 43 Jahren trennt sich ihr Ehemann, mit dem sie zwanzig Jahre verheiratet war, von ihr. Aufgrund von Existenzängsten macht sie den ersten Suizidversuch. Sie verbringt ungefähr ein halbes Jahr in einer psychiatrischen Klinik. Sie konnte in der Klinik alle täuschen und unternimmt den zweiten Selbstmordversuch, als sie herauskommt. „Meine Todessehnsucht hat mich dazu getrieben" (ihre eigenen Worte). Weitere Partnerschaften sind kompliziert. Weiterhin ist sie in psychiatrischer Betreuung mit Medikamenten und Gesprächen und über längere Zeiträume chronisch suizidal.

Nach einer Einzelsitzung, in der sie erstmals Kontakt mit dem Zwilling aufnahm, kam sie ins Gruppenseminar. Kurz vor ihrer Prozessarbeit zum Thema Zwilling gab sie uns in der Pause Ultraschallbilder ihres nicht lebensfähigen Sohnes. Sie hatte seinen Tod nicht verarbeitet und konnte sich nie verzeihen, dass sie ihn „getötet" hatte. Unser Eindruck war, dass der Verlust des Sohnes eine Wiederholung der Zwillingsgeschichte war und so entschlossen wir uns, damit zu beginnen. In der sehr berührenden Arbeit konnte sie ihr Kind mit all ihrer Liebe annehmen und solange behalten bis sie bereit war, ihn normal zu gebären und dann loszulassen. Sie versöhnte sich damit, dem Abbruch zugestimmt zu haben.

Zuhause beschäftigte sie sich mittels kleiner Rituale weiter mit diesem Kind und so fand es nach 23 Jahren Platz in ihrem Leben. In der Zwischenzeit ging es ihr mit dem Sohn besser, ihr Zustand war allerdings weiterhin instabil, schlafen konnte sie nur mit Tabletten. Einige Monate später war sie bereit mit dem vorgeburtlichen Thema fortzufahren und kam erneut in eine Gruppe. Diesmal öffnete sie nach anfänglichen Schwierigkeiten ihr Herz für den Zwillingsbruder und konnte Ja zu sich und zu ihrem Leben sagen. In der Seminarzeit war sie stabil, strahlte und vergass erstmals ihre Schlaftabletten. Diese braucht sie seitdem nicht mehr und baut, begleitet von ihrem Arzt, die Antidepressiva ab. Die Sitzungshäufigkeit nimmt langsam ab.

Sie selbst hat das Gefühl, ihr Leben erstmals angenommen zu haben. Inwieweit der Tod des Zwillings und der Tod des Kindes integriert sind, wird sich zeigen, falls ihre momentane Beziehung auseinander bricht.

Die Fallgeschichte zeigt sehr deutlich, dass sich ähnliche Themen übereinander schichten und je nach Vordringlichkeit gelöst werden können und müssen. Der Verlust des Kindes reaktivierte sicher das pränatale Trauma, worauf auch der Suizidversuch hindeutet. Es ist eine Beobachtung, die ich oft gemacht habe, dass die Schwangerschaft die eigenen pränatalen Erfahrungen einer Frau reaktiviert. Dazu gehört auch, dass ein ungelöstes Zwillingstrauma den Geburtsverlauf hemmen kann. Wenn eine Frau in der Schwangerschaft eine ähnliche Symbiose eingeht, wie damals mit ihrem Zwilling, kann sie die Geburt an den Verlust erinnern. Häufig habe ich hier protrahierte (verlängerte) Geburtsverläufe gesehen, die zum Teil mit Hilfe (Zange, Saugglocke oder Kaiserschnitt) beendet werden mussten. Ohne diese Hilfe war früher der Tod von Mutter und /oder Kind die Folge.

Natürlich kann eine Geburt auch andere Traumata reaktivieren, die dann Einfluss nehmen. In meiner aktiven Hebammenzeit habe ich oft Retraumatisierungen erlebt und konnte diese noch nicht einordnen. Mein Verdacht damals und heute ist, dass besonders Erinnerungen an Missbrauchserfahrungen durch die Geburt und auch durch die vaginalen Untersuchungen ausgelöst werden können. Das waren sehr schwierige Situationen sowohl für mich als auch für die betroffenen Frauen. Denn ihr Zurückfallen ins Traumamuster war für das Kind unter der Geburt oft bedrohlich und so war ich immer wieder gezwungen einzugreifen, obwohl die Frau in diesem Moment sicher etwas anderes gebraucht hätte. So wiederholte sich die Erfahrung, indem sie mich zum Täter machte. Mit meinem Wissen heute würde ich in diesen Situationen anders handeln. Viel besser wäre es natürlich, die Frauen könnten vor den Geburten ihrer Kinder ihre alten Geschichten auflösen, so gut es geht.

8.2. Das Beziehungsgefühl erleben und verankern

Die nächste Möglichkeit, etwas neu zu erleben, liegt im Miteinander in der Gebärmutter. Es ist wichtig, das Gefühl von Zusammengehörigkeit, Leichtigkeit, Liebe, verstanden sein ausgiebig zu empfinden, wirklich tief einzutauchen, richtig darin zu baden, um es im Herzen wieder zu beleben. Vielleicht war es damals zu kurz oder es ist vom Schmerz verdrängt worden. Hier liegt die Ursache der Sehnsucht und das einzige, was sie meiner Meinung nach löst, ist, an diesem Gefühl wirklich „satt" zu sein. Denn niemand kann diese Sehnsucht so gut stillen, wie die Person, durch die sie entstanden ist und das ist der Zwilling. Kein Mensch kann je wieder so ausschliesslich da sein, so selbstverständlich verstehen wie er. Jeder Mensch heute hat seine eigene Geschichte, seine Verletzungen und die daraus entstandenen Schutzmechanismen. So offen wie damals im Mutterleib sind die meisten Menschen nur in kurzen Momenten und auch das ist nicht sicher. Ausserdem hat jeder Mann, jede Frau auf die die Zwillingsgeschichte projiziert wird noch etwas anderes im Leben zu tun, als ausschliesslich für den Betreffenden da zu sein - und genau das war der Zwilling!

Deshalb verwende ich viel Aufmerksamkeit und Zeit darauf, dass das individuelle Beziehungsgefühl wirklich integriert wird. In der Einzelarbeit unterbreche ich den Prozess an dieser Stelle, wenn der Klient tief in dieser Erfahrung ist und gebe ihm vier bis sechs Wochen Zeit, einfach im Alltag damit zu sein. Die Hausaufgabe ist dann, mit dem Zwilling in Kontakt zu kommen, entweder über den innerer Dialog, den Körperkontakt mit einem Kissen oder sonstigem Ersatz, über die schriftliche Form oder übers Malen. Was auch immer dem Klienten hilft, dieses Gefühl in seinem Herzen zu spüren und so fest zu verankern, dass er es abrufen kann, ist gut. Ja, er muss es regelrecht üben. In der Gruppenarbeit besteht für den Klienten die Möglichkeit, das alles in verschiedenen Prozessen zu fühlen, nicht nur in seinem eigenen, und somit zu vertiefen.

Therapeutisch bedeutet es, der Klient macht die Erfahrung, dass er diese Gefühle in sich trägt (und auch körperlich spürt) und dass es somit seine eigenen sind. Damit wird er unabhängig davon, dass sie ihm ein Gegenüber bringen muss. Man kann auch sagen, er erfährt, dass er die Liebe hat und ist, von der er immer glaubte, dass sie ihm ein anderer geben müsste. Hier wird die zweite Abhängigkeit aufgelöst, das Missverständnis, dass der Zwilling die Liebe mitgenommen hat. Für mich bedeutet die Beziehung mit dem Zwilling, bedingungslose Liebe zum frühest möglichen Zeitpunkt zu erleben, so als würde er die Flamme der Liebe in unserem Herz entzünden.

Integration in den Alltag bedeutet dann, die innere Bedürftigkeit nicht in der Partnerschaft nähren zu wollen, sondern immer wieder mit der eigenen inneren Quelle in Kontakt zu treten. Üblicherweise besteht die Erwartung an den Partner, die Partnerin diesen Mangel auszufüllen. Aber er oder sie kann das nicht. Deshalb muss der Betroffene üben, sich mit dem Gefühl aus dem Zwillingskontakt zu verbinden (z.B. die Geborgenheit oder das Einssein), sich dort zu nähren und das in die aktuelle Partnerschaft einfliessen zu lassen. Nicht fordern ist hier gefragt, sondern schenken! Hier bedarf es einer radikalen Haltungsänderung vom Opfer des Zwillingsverlassenen zum Beschenkten, der einen reichen Schatz aus dieser Erfahrung mitbringt.

Das braucht Disziplin, Zeit und eine Änderung des Selbstbildes. Zuerst muss die eigene Bedürftigkeit gespürt und anerkannt sein. Dann braucht es das Nähren aus sich selbst heraus und dann das Verschenken an einen anderen. Je tiefer und je öfter das im Körper erlebt und verankert ist, desto leichter gelingt die Integration in die Partnerschaft. Ohne Partner ist man ohnehin auf sich selbst zurückgeworfen.

Hier ein Bericht von Wolfgang, einem Mann der 2003 die Arbeit gemacht hat und bis 2007 resümiert: Ich war mehr als 50 Jahre meines Lebens auf Dualität, auf zwei sein, auf Ergänzung und Erfüllung durch andere ausgerichtet. Ich konnte mir nicht vorstellen, ohne diese Ergänzung, dieses Zweisein, glücklich sein zu können. Diese Ausrichtung war Bestandteil meiner Persönlichkeit und prägte all meine Beziehungen und meine Partnerschaften. Ich ging dabei davon aus, dass dies für alle Menschen so ist, dass dieses Angewiesensein auf andere zum Glücklichsein gehört. Ich traf ja auch immer wieder Menschen, die genau so fühlten und dachten und mir meine Annahme bestätigten. Ich war aber auch immer wieder enttäuscht, wenn ich spürte, dass die anderen meine Erwartungen nicht erfüllen konnten. Ich lud die Schuld dafür jeweils auf mich und dachte, ich sei es nicht wert, so gebraucht zu werden, wie ich die anderen brauchte.

Ich durfte meine Zwillinge verabschieden und loslassen. Ich habe damit neue und für mich unbekannte Freiheit und Selbständigkeit gewonnen. Die Beziehungen zu meinen Mitmenschen haben sich dadurch verändert, ich lasse ihnen und mir mehr Raum, mehr Bedeutung und mehr Eigenständigkeit. Dadurch wird vieles möglich, was ich vorher nicht gekannt habe. Ich entdecke und erlebe mich und die andern Menschen auf eine andere Weise, erkenne ihre und meine Würde und begegne ihnen und mir mit mehr Respekt.

Es ist nicht mehr dieses Gefühl des Angewiesenseins aufgekommen. Im Gegenteil: Ich erlebe mich viel konkreter und bewusster, tagtäglich als eigene Person, die zwar in Beziehungen zu andern Menschen steht, aber frei ist, diese Beziehungen zu gestalten, ihnen den Wert und die Bedeutung zu geben, die sie in Bezug auf meinen eigenen Wert und meine Bedeutung verdienen. Dieses verzehrende und lähmende Gefühl der Sehnsucht nach Erfüllung durch das Du war nach unserer letzten Therapie wie weggeblasen und ist seither nicht mehr aufgetaucht. Die Frau, welche ich mit dieser Sehnsucht besetzt hatte, ist für mich zu einer Frau aus

Fleisch und Blut geworden, die ich mit all ihren Stärken und Schwächen erkenne und schätze, die ich aber nicht mehr mir zu eigen machen möchte.

Ich hatte ein grosses Bedürfnis, meine Sehnsucht und mein Ausgeliefertsein zu verlieren und ich hatte ebenso grosse Zweifel, dieses Ziel durch die Arbeit am Zwillingsthema erreichen zu können. Es ist schon beim ersten Mal gelungen, dieses Misstrauen zu beseitigen, mir die Begegnung mit den Zwillingen zu ermöglichen und in mir die Bedeutung und das Gefühl dieses Zweiseins so deutlich bewusst zu machen. In den folgenden Wochen lebte ich sehr in diesem Bewusstsein, spürte und erlebte die Sehnsucht folglich auch sehr stark und habe deshalb auch sofort ein weiteres Opfer auserkoren, das ich damit besetzen wollte. Sie ist davon verschont geblieben, denn kurz darauf setzte ich die Arbeit fort und hatte anschliessend ein wunderschönes Gefühl der Befreiung und der Selbstbestimmung, welches immer noch anhält. Ich habe noch etwa drei Wochen lang fast jeden Tag das Abschieds-ritual (siehe Kapitel Ressourcenbilder und Verabschiedungsritual) mit meinen Zwillingen gemacht. Es war jedesmal sehr schön und es ist mir dabei immer wieder bewusst geworden, dass ich all das, was sie mir waren und sind, in mir trage.

2007: Ich darf heute dankbar sagen, dass die Wirkung angehalten hat, dass ich also loslassen konnte und die Beziehung zu meinen Mitmenschen nicht mehr von diesem Gefühl begleitet ist, nur mit Ihnen zusammen gut und vollkommen zu sein. Meine Mitmenschen sind zwar nach wie vor wichtig für mich, es gab jedoch in keiner Beziehung je wieder dieses Gefühl des Ausgeliefertseins, dieses Gefühl, ohne den Andern nicht leben zu können und dadurch auch kein Gefühl der Abhängigkeit mehr. Ich lebe heute in einer Beziehung, die mir viel bedeutet und die ich nicht missen möchte. Ich hatte jedoch noch nie das Gefühl, dass ich ohne meine geliebte Partnerin unglücklich würde und mein Leben keinen Sinn mehr hätte.

8.3. Den Abschied freiwillig vollziehen: loslassen statt verlassen werden

Wenn das Beziehungsgefühl integriert ist, ist der nächste Schritt ja zu sagen zum Abschied. In meiner Erfahrung ist es wichtig, im Tempo des Klienten irgendwann einen Abschied zu vollziehen. Je besser das Beziehungsgefühl integriert ist, umso leichter kann der Abschied gelingen. Auch wenn der Betroffene innerlich mit dem Zwilling in Kontakt bleibt, stimmt er heute zu, dass der Zwilling gehen darf. Das hat nichts damit zu tun, den inneren Kontakt zu verlieren oder dem Zwilling seinen Platz abzusprechen. Einerseits braucht der Zwilling im systemischen Sinn seinen Platz, das bedeutet, sein Dasein wird gewürdigt. Im traumatischen Sinn braucht der Überlebende die Anerkennung der Realität, nämlich dass der Zwilling gegangen ist. Es kann viel Zeit zwischen diesen Schritten liegen!

Wer heute als Erwachsener dem Abschied zustimmt mit allem, was er jetzt weiss und verstanden hat, gibt dem Verlust von damals eine andere Bedeutung. Ohne diesen inneren Schritt bleibt immer auch das Verlustgefühl bestehen und darin sind die Gefühle von Ohnmacht, Schmerz und Trauer gefangen.

Ein Betroffener, der die Trauergefühle von damals abgespalten hat und sie im Leben erfolgreich abwehrt, wird hier ganz anders trauern (müssen), als einer, der die Zwillingstrauer unzählige Male im Leben wiederholt hat. Für diesen ist die Verankerung des Schönen das Neue und vielleicht auch das Einverstandensein mit dem Tod - getrauert hat er oder sie wahrscheinlich genug. Es geht nicht darum, das Alte endlos zu wiederholen, sondern Raum zu schaffen für neue Erfahrungen, das kann auch tief empfundene Trauer sein.

Ein grosser Teil des Schmerzes entsteht meiner Meinung nach durch den Widerstand, durch das Wehren gegen den Tod, der nicht verhindert werden kann. Durch den inneren Dialog wird klar, warum der Zwilling gegangen ist. Das Verstehen ist eine wichtige Voraussetzung. Dabei geht es mir nicht um Allgemeingültigkeit, sondern darum, dass es für den Klienten Sinn macht, dass er versteht. Nur dann kann er loslassen. Hier lösen sich auch Schuldgefühle auf. Die Hauptarbeit besteht darin, den Abschied, der damals nicht möglich war, nachzuholen. Danken ist eine gute Möglichkeit, das Herz zu öffnen und hilft den Fokus auf das Gute zu lenken, auf das, worum es ursprünglich ging – die Begleitung.

Indem der Klient seine Liebe zum Zwilling spürt, auch die Trauer oder den Schmerz, weil er es sich anders wünscht, lässt er sein Herz offen und damit bleibt die innere Verbindung zum Zwilling bestehen- ob er nun da ist oder nicht. Denn die Liebe darf sein, nur die Bindung und die Ausschliesslichkeit hören auf.

Falls er ein Versprechen abgegeben hat, ist jetzt der Zeitpunkt, es zurückzunehmen und damit sich und den anderen freizugeben. Ein wichtiger Satz kann hier sein: „Ich erlaube mir, meine Liebe, die ich durch dich erfahren habe, mit in mein Leben zu nehmen und sie mit anderen Menschen zu teilen". Damit hört die Abhängigkeit und das daran hängen, sozusagen das „hochheilige Schatzkästchen-Gefühl", dass das nur mit dem Zwilling möglich war, auf!

Es gilt anzuerkennen, dass der Zwilling mitkam, um zu helfen und nun einen anderen Weg geht und dem zuzustimmen. In diesem Fall macht der Klient eine andere Erfahrung als damals im Schmerz, in der Ohnmacht und im Widerstand. Er verabschiedet sich und lässt los. Die Heilung liegt im Erleben der anderen Möglichkeit. Damit wird die alte Erfahrung mit einer neuen ergänzt, die er dann hoffentlich im Leben immer leichter umsetzen kann. Was dann übrig bleibt, ist das Gefühl von Dankbarkeit und Liebe - und das ist die Essenz der Beziehung.

Die Essenz der Beziehung

Das, was ich durch dich erfahren habe,
gilt es zu mir zurückzunehmen.
Das hast nicht du getan, sondern durch dich
war es mir möglich, so zu fühlen.
Aber grundsätzlich ist es mein Gefühl,
es ist meine Liebe, meine Sicherheit,
mein Vertrauen, meine Kraft.
Ich nehme es an, als Geschenk, als Erfahrung,
trage es ins Leben und mache das Beste daraus.
Im Andenken an dich und zu meiner eigenen Freude.
Ich höre auf, mich an dich zu klammern,
sondern nehme, was du mir geschenkt hast und trage es weiter.
Zu meinem Wohl und zum Wohle derer,
die um mich sind.
Die Liebe, die ich mit dir erlebt habe,
ist nicht ausschliesslich unsere Liebe,
sondern es ist die Liebe zu der ich fähig bin.
Statt mich einzugraben und ein Leben lang
um dich zu trauern und zu hadern, dass du weg bist,
öffne ich mich und teile die Frucht unserer gemeinsamen Zeit.
So wird sie grösser, geht weit über dich und
mich hinaus und gereicht deinem Tod zur Ehre.

Indem ich liebe, wie du es mich gelehrt hast,
ehre ich dich.
Indem ich lerne, mir, dem Leben und
anderen zu vertrauen, ehre ich das Vertrauen,
das du mir geschenkt hast.
Damit löse ich die Abhängigkeit, dass all das
nur mit dir möglich ist

und nehme die Fähigkeit zu mir.
Dadurch habe ich wahrhaft gelernt,
denn ich habe es zu meinem gemacht.
So gehe ich gestärkt aus dem hervor,
was vorher mit Schrecken behaftet war,
ja ich habe eine Schwäche in eine Stärke verwandelt.
Es ist das, was bleibt, was mich über deinen Tod hinaus begleitet.

Diese Haltung macht das Herz weit,
lässt die Liebe fliessen und ermöglicht darin, loszulassen.
Loslassen bedeutet: Ich trage dich im
Herzen und weil du so immer bei mir bist,
kann ich deine Seele ziehen lassen, wohin immer sie gehen möchte.
So bin ich mit deiner Essenz in Verbindung und
du bist frei und ich bin es auch.
Die innere Verbindung braucht keine
Fesseln im äusseren Ausdruck.
Das Geschenk der Beziehung ist immer
Grund zur Dankbarkeit und das ist die beste Grundlage,
Abschied zu nehmen.

Barbara Schlochow, Dezember 2001

Wenn der Klient das nicht erlebt hat, sondern versucht den Abschied rational aus dem Kopf heraus zu gestalten, wird er ihn nicht umsetzen können, weil es nicht wirklich gefühlt ist. Mit dem rationalen Verständnis alleine ist es nicht getan, sonst würde es ja reichen, ein Buch darüber zu lesen. Aber das alleine genügt nicht, auch wenn es viel bewusst machen und Emotionen freisetzen kann. Das Wissen darum kann die Bereitschaft fördern, sich dem Thema zu stellen, kann als Türöffner wirken, aber nicht die erlebte Erfahrung vorwegnehmen. Deshalb kann der theoretische Hintergrund, den ich hier gebe, helfen nachzuvollziehen, was die Seele längst erkannt hat. Es kann helfen z.B. nach getaner Prozessarbeit zu integrieren oder vorbereiten auf zukünftige Prozessarbeit, aber es kann sie nicht ersetzen. Profan ausgedrückt: Wer den Apfel lange anschaut ohne hineinzubeissen, weiss immer noch nicht wie er schmeckt.

Integration: Die Integration des Abschieds kann je nach Lebenssituation sehr unterschiedlich sein. Für den einen Klienten bedeutet es, dass er sich endlich aus einer Partnerschaft lösen kann, was ihm vorher unmöglich war oder sich von einer alten Liebe verabschieden. Das heisst, eine bereits vergangene Beziehung endgültig loszulassen und sich z.B. scheiden zu lassen, statt nur getrennt zu sein.
Für einen anderen bedeutet es, dass er seine Verlustängste bei sich behält, sich immer wieder bewusst macht, dass ihn Erinnerungen treiben, statt einer aktuellen Situation. Statt seinen Partner oder seine Kindern dauernd zu kontrollieren, lernt er oder sie in alltäglichen Dingen loszulassen.

Einer, der Abschiede immer gemieden hat, integriert, indem er sich mit Haut und Haaren auf eine Beziehung einlässt und damit das Risiko eingeht, verlassen zu werden. Und darin seine Angst immer wieder loslässt. Es kann ihm niemand garantieren, dass er nicht verlassen wird. Denn das ist Teil eines natürlichen Risikos, wenn man eine Beziehung lebt. Ob ihm irgendwann der Tod oder das Leben den Partner wegnimmt, ob dieser Partner vielleicht verunglückt, krank wird und stirbt, sich anderweitig verliebt und sich trennt oder sich in ein Kloster zurückzieht, das bestimmt das Schicksal.

Wenn Beziehung auf Freiheit basiert und nicht nur auf Abhängigkeit, muss sich der Partner entscheiden dürfen, zu gehen. Der Abschied muss erlaubt sein. Alles, was nicht freiwillig Platz in einer Beziehung bekommt, nimmt ihn sich eines Tages ungebeten und ungefragt. Nur wer sich innerhalb der Beziehung verschenkt, sich wirklich eingelassen hat, hat alles gegeben und macht sich hinterher keine Vorwürfe im Sinn von „Hätte ich doch…". Er kann nach angemessener Trauer gut weitergehen. Wer sich nicht einlässt, kann nicht loslassen oder wird vom Partner nicht losgelassen. Bei der Trennung bleibt ein Rest von Bindung, sei es im Schuldgefühl oder im gegen ihn gerichteten Vorwurf. Diese Dynamik zeigt sich deutlich in Aufstellungen von Gegenwartsbeziehungen.

Beispiel Claudia: Erst nach der Trennung kann sie sich auf den Zwilling einlassen
„Als Kind hatte ich oft ein Ungeborgenheitsgefühl, vor allem in Situationen wie Prüfungen, neue Schulklasse, neuer Arbeitsplatz usw. Ich litt ausserdem unter sehr starkem Heimweh, welches jedoch im jungen Erwachsenenalter verschwand. Das Ungeborgenheitsgefühl verfolgte mich je nach Situationen bis zum Zwillingsseminar. Als Kind litt ich an einer sehr tiefen Sehnsucht nach einer Person, nach Verschmelzung, welche ich auf Freunde meiner Eltern projizierte. Später in Beziehungen suchte ich immer nach der verschmelzenden, grossen, tiefen Liebe. Ich wechselte relativ häufig die Beziehungen, da ich auch unter Verlustängsten litt. Meistens waren meine Männer sehr freiheitsliebend und ich bekam nicht genug Zärtlichkeit von ihnen. Wenn dann jeweils nach einer gewissen Zeit der Leidensdruck zu gross wurde, musste ich die Beziehungen beenden.

In meinem jetzigen Partner hatte ich diese grosse verschmelzende Liebe gefunden. Auch er ist freiheitsliebend und steht in seinem Leben an einem anderen Punkt als ich, da er neun Jahre jünger ist. Meine dauernden Verlustängste ihm gegenüber waren für mich sehr bedrohlich und zeitweise kaum aushaltbar. Ich befürchtete, dass ich einen Verlust dieser Beziehung nicht verkraften würde.

Beim ersten Zwillingsseminar gelang es mir nicht, mein Herz für meinen Zwillingsbruder zu öffnen. Es tat zu weh. Alle Bemühungen der Therapeuten nützten nichts.

Laut Aufstellung hatte mein Bruder den Kopf an meinem Bauch, als er starb. Seitdem spürte ich den seelischen Schmerz des Verlustes und der Ungeborgenheit nicht nur im Herzen sondern vor allem im Bauch. In der ersten Zeit nach dem Seminar hatte ich sehr ausgeprägte Verlustängste. Es kam mir vor, als ob das ganze Thema nun angerührt und noch verstärkt worden war. Auch mein Partner spiegelte mir meine Thematik. Er hatte das umgekehrte Thema: Er konnte sich nicht richtig in die Beziehung hineingeben und brauchte nach dem Seminar mehr Zeit für sich. (Er nahm ebenfalls am Seminar teil.) Nach einigen Wochen legte sich der Ungeborgenheits- und Verlustschmerz wieder etwas, sicher auch, weil wir es in der Beziehung wieder besser hatten. Im Grund aber veränderte sich an der Verlustangst nichts. Ich spürte, das Thema war nach wie vor aktuell. Einige Monate später ging meine Beziehung in die Brüche, zumindest für eine Woche. Ich merkte, dass das Leben auch so weiter gehen würde. Auch wenn es sehr schmerzte. Ich war gezwungen, mir meine Liebe selber zu geben. Ich denke, dass ich dadurch einen Schritt näher zu mir selber gekommen bin. Kurz darauf, im zweiten Seminar, konnte ich mit meinem Zwillingsbruder in die Liebe gehen, statt in den Schmerz. Es war eine wunderbare und tiefe Erfahrung, die starke Liebe, unendliche Geborgenheit und Verschmelzung meines Bruders zu spüren und in mich aufzunehmen. Ich bin sehr dankbar dafür. Seitdem habe ich viel weniger Verlustängste und der Ungeborgenheitsschmerz ist weg. Ich bin mehr bei mir und in meiner Kraft."

In diesem Beispiel waren Liebe und Schmerz im Herzen der Klientin sehr nah zusammen. Sie konnte das eine nicht ohne das andere erfahren. Sie war in Liebe und Leid gefangen. In der Trennung von ihrem Partner erkannte sie, dass ihr Leben in jedem Fall weitergeht. Das schuf die Voraussetzung, dass sie ihr Herz für die Erfahrung mit dem Zwilling öffnen konnte.

Beispiel Patrizia: Erst nach dem Abschied vom Zwilling kann sie sich trennen
„Das Zwillings-Seminar zu besuchen, beruhte auf dem Wunsch, der Sehnsucht nach der Ferne etwas näher zu kommen, diesem Sog nach irgendwohin, dem „nach Hause kommen", wo immer es auch sein mag. Meine Zwillings-Geschichte ähnelte sehr dem Beziehungsdrama, in dem ich steckte. Ich bin mir aber nicht sicher, was nun Beziehungsdrama und was wirklich Zwillings-Thematik an dieser Beziehung war und ist. Ich lernte meinen Exfreund vor drei Jahren kennen und eroberte einen Mann, der so gar nicht der Bilderbuch-Helden-Epos-Geschichte entsprungen schien. Eher der männlichen Variante des schlafenden Dornröschens.

Wir fanden leidenschaftlich zueinander und ich entschied mich für den Schritt, mit ihm zusammenzuleben. Wir haben uns aneinander gewöhnt und sind ein gutes Team geworden. Doch wurde mir seine teilweise Unbeweglichkeit und Lethargie unerträglich. Ich wollte nicht mehr Rücksicht nehmen. Schuldgefühle hielten mich ab. Ich konnte ihn doch nicht wachküssen und mich dann aus dem Staub machen. Nachdem ich erkannt hatte, dass es gilt, meiner Bestimmung zu folgen und nicht auf ihn (den Zwilling) zu warten, konnte ich gehen. Einige Monate später löste ich mich aus der Beziehung."

8.4. Den eigenen Platz einnehmen

Nach der guten Trennung vom Zwilling ist der nächste Schritt, den ganzen Raum in der Gebärmutter einzunehmen. Das gilt dort stellvertretend für das Leben. Das Alleinsein wird im traumatischen Zustand wie im Schock sehr einsam erlebt. Nach der vollzogenen Verabschiedung und der Verständnisarbeit sollte der Klient jetzt zustimmen können, alleine in der Gebärmutter und überhaupt im Leben zu sein. Ich verwende in meiner Tätigkeit an dieser Stelle gerne eine vom Klienten selbst gewählte Farbe, um den ganzen Gebärmutterraum auszufüllen. Sehr oft wählen Klienten hier orange für Geborgenheit und Wärme. Diese Phase der Arbeit ist verhältnismäßig kurz. Es kommt mir einerseits darauf an, dass der Klient gut alleine sein kann mit möglichst positiven Gefühlen, was heisst, dass er sein Herz offen hat. Andererseits lasse ich ihn seine Liebe für den verlorenen Zwilling spüren, damit er noch einmal verinnerlicht, dass die Liebe geblieben ist, weil sie zu ihm selbst gehört. Wenn es der Klient schafft, an dieser Stelle stabil zu bleiben, hat er schon viele der zurückliegenden Gefühle integriert.

Wie überall in Therapie muss das Gelernte und Erfahrene ins tägliche Leben, bzw. in den Beziehungsalltag übertragen werden. Nur dann folgen der Lösung eines Traumas neue Möglichkeiten im Leben!

Integration: Eine Klientin, die seit Jahren in Beziehung mit einem Mann war, der sich nicht wirklich festlegen wollte, kaufte eine Eigentumswohnung. Sie wartete, ob er einziehen würde oder nicht. Dieser Zustand währte ca. zwei Jahre, als sie zu mir in die Arbeit kam. Hier stellte sich heraus, dass sie die Wohnung nicht voll eingerichtet hatte, damit er mitbestimmen könne, falls er denn einzöge. Hier war die Integration ihres Zwillingsgeschehens, dass sie ihre Wohnung für sich schön gestaltete, ihre Lampen aufhängte, unabhängig, davon ob er kam oder nicht. Für sie galt es, ihren Platz einzunehmen im Gestalten ihrer Wohnung.

Überhaupt sieht man an der Aufteilung in Wohnungen oder Häusern gut, ob jemand sich traut, seinen Platz einzunehmen. Zwillingsbetroffene, besonders wenn sie mit einer Drillings- (und mehr)- Erfahrung zur Welt kommen, haben oft Schwierigkeiten ihren Platz zu finden oder ihren Platz zu halten. Sei es, weil sie meinen, er stünde ihnen nicht zu oder weil er ihnen in ihrer Wahrnehmung streitig gemacht wird. Manchmal brauchen sie auch innerlich ihren Zwilling, um den Platz zu füllen. Erst dann fühlt es sich komplett an.

Zur Integration ist hier alles hilfreich, was Verbindung mit den drei unteren Chakren herstellt. Wer Mühe hat, seinen Platz einzunehmen, braucht Unterstützung in seiner Basis und der Verbindung zum Boden.

Raum nehmen

Meinen Raum nehmen.
Da, wo ich bin,
da, wo ich sein will.
Da, wo mein Leben sich entfalten möchte.
Ich bin alleine
Ich bin mit mir
Ich bin verbunden mit mir, dir, der Welt.

Mein Raum
Der Raum, den du mir zur Verfügung stellst.
Du, meine Mutter,
meine Wohnstatt,
meine Heimat, hier in der Welt,
bevor ich mir Heimat sein kann
bevor das Leben mir Heimat ist.
Das Grosse Ganze, das mich trägt,
das mich hierher getragen hat,
das durch mich fliesst, das mich lebendig macht.
Das Leben in mir,
in dir,
Mutter,
die mich trägt.

Barbara Schlochow 25.1.2007

8.5. Der Kontakt mit der Mutter

Vom Alleinsein vorher geht es nun in den emotionalen Kontakt mit der Person, die normalerweise die nächste längere Zeit Bezugsperson ist - die Mutter. Dabei spielt es keine Rolle, ob es damals diesen emotionalen Kontakt wirklich gab. Bei fast allen Menschen, mit denen ich pränatal gearbeitet habe, fehlte in der Schwangerschaft wirklich erlebte Nähe mit Mutter und Vater. Trotz aller Geburtsvorbereitung scheint diese Tatsache leider noch nicht verlässlich durchgedrungen zu sein. Für den Fall, dass die Mutter das Kind nach der Geburt fortgegeben hat, ist dieser Schritt umso wichtiger, denn er stellt die Verbindung im Herzen zur biologischen Mutter her. Die Mutter ist im wahrsten Sinn des Wortes unser Nährboden, der Boden auf und aus dem wir gewachsen sind. Das sollte auch gefühlsmässig so sein.

Zuerst fühlt sich der Klient als Kind getragen und über die Wahrnehmung von aussen, meist über einen Impuls von dort, bekommt er ein eigenes Gefühl zur Mutter. Dabei kann er spüren, ob die Eltern schon wissen, dass die Schwangerschaft besteht und wie es ihnen damit geht. Über einen Farbstrahl aus seinem Herzen stellt er selbst die Verbindung zum Herzen der Mutter her. Auch hier ist manchmal ein innerer Dialog von Nöten, damit die Gefühle fliessen können.

Wenn dieser Kontakt steht, sind die meisten Klienten sehr berührt und fühlen sich gut aufgehoben und verbunden. Das ist das Ziel dieses Schrittes, denn er legt den Boden, die Grundlage für ein freudvolles Werden und eine glücklich erlebte Schwangerschaft. Die enge Verbundenheit und Nähe schafft den natürlichen Übergang von der Einheit der Seelenebene zur Einheit mit dem Zwilling zur Einheit mit der Mutter und von dort langsam in die Zweisamkeit. Und das wünsche ich jeder Mutter und jedem Kind!

Mutter und Kind

Ich spüre dich und trage dich.
Wir sind zwei, wir sind eins.
Verschmolzen und innig.

Freude in meinem Herzen,
ein stilles Lächeln im Gesicht -
einfach weil du bist - in mir.
Keiner sieht dich,
ich spüre und trage dich
Ich fühle deine Seele,
höre deine „Worte",
das, was du mir sagen möchtest.
Einbildung oder Wirklichkeit?
Du bist da
und ich höre dich mit meinem Herzen.
Ich bade dich in meiner Liebe
und der Freude mit dir zu sein.
Ich bin beschwingt, blühe auf
freue mich, dass Leben in mir ist
und geniesse die Zeit dieser Innigkeit
mit dir.

Barbara Schlochow, 20. Juni 2003

Wenn es schwierig ist, in einen guten Kontakt mit der Mutter zu kommen, lohnt es sich wirklich, dort Zeit zu investieren. Es geht nicht darum, dass die Mutter das Kind annimmt, sondern dass das Kind von sich aus in einen Kontakt mit der Mutter geht. Dann fühlt es sich in Verbindung, selbst wenn die Mutter mit sich beschäftigt ist oder die Schwangerschaft noch gar nicht realisiert hat. Das ist emotional eine Vorstufe zum Bonding nach der Geburt. Therapeutisch nimmt das Kind die Mutter an und schafft damit eine Gefühlsverbindung. Wenn sich das Kind abgelehnt fühlt, habe ich gute Erfahrungen damit gemacht, dass es seine Gefühle von Enttäuschung, Trauer, Wut oder Leere über eine Lichtverbindung ins Herz der Mutter schickt. Damit teilt es die Gefühlsladung. Zumindest ist das Kind nicht mehr allein damit und manchmal findet darüber eine Berührung in beiden Herzen statt.

Man muss immer in Betracht ziehen, dass der Klient in diesen Mutterkontakt ungelöste Themen aus seinem späteren Leben mit hineinbringt.

Wenn die Wahrnehmungen zwischen dem Kind und der Person, die die Mutter stellvertritt, weit auseinanderklaffen, lohnt der Versuch, dass der Klient sich in die Mutter einfühlt, um zu überprüfen ob seine Wahrnehmung in Bezug auf ihre Ablehnung oder Gleichgültigkeit stimmt. Eine andere Möglichkeit ist im Nachfragen Klarheit zu schaffen.

8.6. Ressourcenbilder und Verabschiedungsritual

Im Rahmen des Seminars lasse ich zu Beginn ein Bild malen und dann nach der Prozessarbeit zur Integration eines oder mehrere. Der innere Weg, den der Klient gemacht hat, wird darin sehr deutlich. Die Bilder nach der Prozessarbeit sind meist Ressourcenbilder, die zuhause als Erinnerungshilfe sehr nützlich sein können. Für manche Menschen ist die innere Arbeit oft beim Malen noch weiter gegangen und so sind wunderschöne Bilder entstanden.

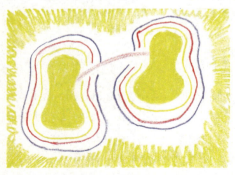

Emotionaler Kontakt von Herz zu Herz mit dem Zwilling

Wer den Zwilling verabschiedet hat, bekommt von mir als Hausaufgabe noch ein systemisches Abschiedsritual mit. Individuell eingefügt sind die Themen oder Zusammenhänge, die für den Klienten in der Arbeit bedeutsam waren. Mir ist dabei wichtig, dass jeder seine eigenen Worte findet für das, was er ausdrücken möchte. Mein Text dient dabei nur als Wegweiser oder Leitfaden.

Einssein, Verbundenheit nach dem inneren Dialog

Grundsätzlich gilt es anzuerkennen, dass der Zwilling gelebt hat und gestorben ist und somit einen Platz hat. Dann ist Raum für Dankbarkeit, wofür auch immer: für die Begleitung, die gemeinsame Zeit, das Erlebte…

Im nächsten Schritt nimmt der Überlebende das an Qualitäten zu sich, was er ausgelagert hatte, z.B. die Liebe und nimmt sie mit in sein Leben, zu seiner Freude und im Andenken an den Zwilling. Diese Qualität sollte möglichst lebendig gelebt werden und das geht am besten, indem man sie teilt und verschenkt. Der Zwilling soll nicht vergessen sein, sondern im Herzen immer einen guten Platz haben. Wer möchte kann noch den Segen erbitten, dass der Zwilling als gute Seele freundlich auf das schaut, was der Überlebende macht, damit er sein Leben gut zu Ende leben kann. Anschliessend sollte noch ein Satz formuliert werden, der ausdrückt, dass die Seele des Zwillings jetzt ziehen darf.

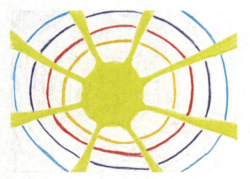

Gefühl nach dem Abschiedsritual (siehe unten)

Rückverbindung mit der Mutter – wieder in Kontakt

Der Text könnte aussehen wie das Beispiel unten:

Liebe Schwester

Ich verneige mich vor deinem kurzen Leben und deinem frühen Tod. Ich danke dir, dass du mich begleitet und mir Platz gemacht hast. Dein Tod soll nicht umsonst gewesen sein. Im Andenken an dich und zu meiner eigenen Freude will ich mein Leben leben und die Liebe, die ich mit dir erfahren habe mit in mein Leben nehmen und sie verschenken an die Menschen, die mir wichtig sind. Die Sicherheit, die du mir gegeben hast, nehme ich an und mache sie zu meiner. In meinem Herzen hast du immer einen guten Platz und ich lasse dich teilhaben an meinem Glück. Bitte schaue freundlich auf mich, wenn ich mein Leben zu Ende lebe und mich ganz auf eine Frau einlasse und sie genauso innig liebe wie dich.
Und jetzt lasse ich deine Seele ziehen in Liebe.

1 ½ stündige, schweigende Prozessarbeit im Malen, 3 Farb-Schichten übereinander; verschiedenen Stadien von Trauer, Sehnsucht, Wut, Verzweiflung, Liebe, Ruhe, Sein; am Ende Glücksgefühl und Erleichterung; emotional hat diese Klientin alle Gefühlszustände während des Malens durchlaufen. Das Verstehen dieser Drillingsgeschichte kam in einer weiteren Sitzung.

9. Künstlerische Verarbeitung

Das Thema des verlorenen Zwillings ist auch in unterschiedlicher Form künstlerisch verarbeitet worden: Als Bilder, in der Musik, in der Literatur, im Film. Natürlich ist das Thema namentlich nicht erwähnt. Nur in den Werken von Sabina Kulicka und Alexandra Schrackmann ist es als Verarbeitungsform therapeutisch gewählt und dort auch erkannt und benannt. Die Bilder von Sabina haben mich sehr beeindruckt und so ist schon früh der Wunsch entstanden, sollte ich je ein Buch schreiben zum verlorenen Zwilling, so möchte ich einen Teil ihrer Bilder darin veröffentlichen. Alexandra kam mit ihrer Heilungsgeschichte auf mich zu und sie beschreibt die möglichen Stimmungslagen und ihre Auflösung sehr anschaulich.

Die Beispiele aus der Musik sind mir anhand ihrer ausgedrückten Gefühlslagen aufgefallen und ich habe sie mit dem Thema in Verbindung gebracht. Was natürlich nicht heisst, dass die Sänger oder Songschreiber einen verlorenen Zwilling hatten. Weil aber sowohl die Texte als auch die emotional vermittelte Stimmung gut zum Thema passen, verwende ich die Lieder ab und zu in meinen Seminaren.

Titanic
Der Film „Titanic" von James Cameron mit Leonardo DiCaprio und Kate Winslet in den Hauptrollen ist weltberühmt. Viele Menschen hat er zu Tränen gerührt, besonders an der Stelle als „Jack" (Leonardo DiCaprio) nach dem Sinken des Schiffes tot in den Fluten versinkt. Die Darstellung, wie es ihn hinweg zieht entspricht haargenau dem, was viele Klienten mir beschrieben haben, wenn die Seele des Zwillings entschwindet. Die (aussichtslose) Liebe, die Leidenschaft (Innigkeit), der Tod, die Verzweiflung sind der pränatalen Gefühlslage sehr nah. Ich glaube, dass Menschen, die einen Zwilling verloren haben, emotional von diesem Film besonders berührt wurden. Die hohen Zuschauerzahlen sprechen für sich.

In meinen Vorträgen sagte ich gerne, dass man als Therapeut eine Risikoversicherung haben müsste, würde man mit Schauspielern wie Leonardo DiCaprio, Johnny

Depp oder Brad Pitt zum Zwillingsthema arbeiten. Denn was würde passieren, wenn sich ihr berühmt sehnsüchtiger Blick aufklären würde? Ich bin überzeugt davon, dass ein Teil ihrer Anziehung auf den entrückten Blick und damit die Unerreichbarkeit zurückzuführen sind. Mit dieser Resonanz lässt sich gut spielen und es werden viele Menschen davon angezogen.

Kunst und Bilder

Sabina Kulicka schreibt zu ihren Bildern (alle Namen geändert):
„Mit einem Bild fing es an. Harold macht gerade einen Schritt aus dem nächtlichen Garten, durch die Tür ins hell erleuchtete Wohnzimmer. Ich sitze draussen, der Dunkelheit zugewandt und von Harold abgewandt - oder auch er von mir. Harold und ich hatten eine intensive erotische Beziehung, sonst ging aber gar

nichts. Und eines Tages entfernte Harold sich ganz. Vor Harold geschah es ähnlich mit Franz, nach Harold dann mit Erik, mit Jonas, Michael, Klaus, Jules und Mark... Ich kann mich gar nicht mehr erinnern, ob es noch mehr waren und wann genau es angefangen hatte. Und doch lösten diese Begegnungen heftige Empfindungen aus.

4 von über hundert Bilder von Sabina Kulicka

Es entstanden weitere Bilder, als Versuch, all das Unfassbare, was im Körper und in den Gedanken ablief, irgendwie auszuhalten, zu überstehen, ein bisschen auszudrücken. Das Unfassbare bestand in der Vorahnung der Trennung, in der grossen Hoffnung, die Vorahnung würde sich nicht erfüllen und im unsäglichen,

ätzenden, zerfleischenden Schmerz über die unvermeidliche Trennung. Das Muster lief ab wie ein Fluch, es hinterliess Scham-, Schuld-, Ohnmacht- und Wutgefühle, die in ihrem Ausmass in keinem Verhältnis zur Wirklichkeit, der Dauer und der Bedeutung der Beziehung standen. Trotzdem nahm diese Art Beziehung mich während Jahren völlig in Beschlag und lähmte alles übrige Leben. Das Malen ging ganz knapp. Und: Warum nicht sterben - es wäre die Erlösung von einer endlosen Qual!

Im Verlauf von zwei Jahren entstanden über hundert weitere Bilder. Auf allen teilen sich zwei Figuren einen ansonsten leeren Raum. Selten sind es auch drei. Sie schweben, schwimmen, begegnen sich, wenden sich ab, entfernen sich voneinander, manche gehen oder fallen aus dem Raum, gehen in eine Wand hinein. Manchmal sind die Figuren nicht an allen Gliedmassen ausgebildet, manche sind zerstückelt oder es fehlen Glieder. Die Figuren scheinen in Transparenz, Stille und Schwerelosigkeit eingebunden zu sein – obschon ein Drama läuft. Sind das Träume?, fragte mich jemand.

Mit Hilfe einer Therapeutin erlangte ich trotz grossem inneren Widerstand eine gewisse Unabhängigkeit und Selbständigkeit. Ich lernte das Alleinsein äusserlich zu überleben. Es entstanden Bilder über das Alleinsein. Es passierte innerlich nicht mehr, als das Muster bewusst zumachen und irgendwie damit zu leben. Mich beschäftigte weiter: Was ist es, das mich wie eine Droge in Bann hält, das mich beherrscht und manipuliert, das mich und mein Leben besetzt? Es muss uralt sein, scheint mir, so alt, dass ich wohl schon so geboren worden sein muss, war die einzige Antwort, die ich mir selber geben konnte. Erst zwölf Jahre später hörte ich zum ersten Mal: „Du hattest wahrscheinlich einen Zwilling." Eine lange Reihe von ungelösten Fragen löste sich auf einen Schlag auf und seltsame Beobachtungen hatten plötzlich eine Erklärung, wie z.B. dass ich etliche Dinge doppelt anschaffte und besass. Es war eine enorme Befreiung. Und dann kam die Rückführung, in der ich meinem Zwilling begegnen und mich von ihm verabschieden durfte. Seither ist dieses Thema und das mit ihm verbundene Leben abgeschlossene Vergangenheit. Kein Suchtgefühl, kein unverhältnismässiger Schmerz, keine Todessehnsucht aber viel Lebensfreude und Lebenswille und die Freiheit, im Leben zu wählen."

Musik

Die Liebe ist ein Hauptthema in der Musik - ebenso wie Abschied, Trennung, Verlust oder Tod. Und natürlich hat auch nicht jede Liebesgeschichte mit einem verlorenen Zwilling zu tun. Weil es Themen sind, mit denen sich jeder Mensch im Laufe seines Lebens auseinandersetzt, gibt es viele gute Songs darüber und sie finden auch reissenden Absatz. Wenn sie vom Herzen gesungen sind, berühren sie das Herz, um es für eine besondere Qualität zu sensibilisieren.
Und doch gibt es Musiktexte, die darauf schliessen lassen, dass das Zwillingsgeschehen dem Sänger, bzw. dem Songschreiber bewusst oder unbewusst emotional vertraut ist. Ich denke da an folgende Titel:

Celine Dion - *My heart will go on*
Xavier Naidoo - *Nicht von dieser Welt*
Nena - *Liebe ist*
Whitney - Houston *I will always love you*
U2 - *I still haven't found, what I'm looking for*
U2 - *With or without you*
LeAnn Rimes - *Please remember*

So ist beispielsweise der Song von Celine Dion *My heart will go on* visuell gekoppelt mit den wunderschönen Bildern im Film *Titanic,* wo Jack und Rose als Galionsfiguren im Wind schweben: Freiheit, Verbundenheit, Leidenschaft, Hingabe sind Qualitäten, die hier zum Ausdruck kommen. In Liebe vereint im Film, ist die Rede davon im Lied, dass egal welche Distanz oder welcher Raum zwischen ihnen liegen, „du immer in meinem Herzen sein wirst". Genauso wie sie daran glaubt, dass ihr Herz weiter für ihn schlägt, wo immer er auch sein mag. Die Überbrückung von Distanzen mit der Liebe - die grösste ist sicher der Tod - ist eine zentrale Wahrheit, auch im Zwillingsgeschehen: Meine Liebe besteht weiter, ich darf dich lieben, auch wenn du tot bist.

Xavier Naidoo singt in *Nicht von dieser Welt* von verzehrender Sehnsucht und einer Liebe, die ihn am Leben hält, aber nicht von dieser Welt ist. In seiner Beschreibung kann man sich die Welt der Gebärmutter und die Innigkeit und Nähe von Zwillingen gut vorstellen.

Nenas Hitparadenstürmer und Serienmusik *Liebe ist* beschreibt verschiedene Aspekt der Liebe sehr wahr. Überhaupt zeichnen Nenas Liedertexte sie als Mensch und Frau aus, die viel Lebenserfahrung hat und um die Geheimnisse der Liebe weiss. *Liebe ist* vermittelt Leichtigkeit, Innigkeit, Dankbarkeit und Verbindlichkeit. „Wir sind zwei und wir sind eins und wir sehn die Dinge klar. Und wenn einer von uns gehen muss, sind wir trotzdem immer da."

Whitney Houston singt in *I will always love you*: „Wenn ich geblieben wäre, wäre ich dir im Weg gestanden. So gehe ich nun im Wissen, dass ich an dich denken werde bei jedem Schritt auf dem Weg". Der Aspekt des Lolassens und Platzmachens sticht in diesem Lied hervor. Es geht um den Einzelnen und was er verwirklichen kann und nicht um das Gemeinsame. Das Lied stellt den Verzicht über die Erfüllung und verbindet es mit Liebe und Dankbarkeit.

In Still haven't found what I'm looking for singt Bono Vox von U2 über die unmöglichsten Dinge, die er schon versucht hat, um seine Sehnsucht zu stillen. Doch letztendlich hat er nicht gefunden, wonach er gesucht hat. Diese Qualität der unerfüllbaren Sehnsucht passt hervorragend zum Zwillingsthema, denn egal was man findet - nichts und niemand ist so gut wie der verlorene Zwilling!

In *With or without you* singt Bono von der Unmöglichkeit eines Paares: Sie können nicht miteinander und nicht ohne einander leben. Das hin und her, diese Ambivalenz zeichnet Partnerschaften aus mit einem unerlösten Nähe-Distanz-Problem, wie es z.B. als Folge eines Zwillingsverlustes auftreten kann. Selbstverständlich kann es auch von Bindungsproblemen mit Eltern herrühren.

LeAnn Rimes besingt in *Please remember* die Erinnerung an das Gute, an die gemeinsame Zeit, an das „Füreinander-Dasein" in einer Beziehung. Auch hier wird eine Qualität besungen, ein Blickwinkel am Ende einer Beziehung. Dieses Lied berührt das Herz, lässt Dankbarkeit fühlen, ohne von Trauer überschwemmt zu werden. Und es passt gut zum Thema, weil auch hier der Fokus darauf liegt, sich an das zu erinnern, was gut war.

Literatur

Rebecca Miller: *Als sie seine Schuhe sah, wusste sie, dass sie ihn verlassen würde* Kapitel Louisa

Rebecca Miller, Arthur Millers Tochter, behandelt in ihrem Buch *Als sie seine Schuhe sah, wusste sie, dass sie ihn verlassen würde* verschiedene Frauenschicksale. Im Kapitel Louisa beschäftigt sie sich mit einer Familie auf dem Land, die Zwillinge erwartet hatten, deren Sohn Seth aber bei der Geburt gestorben war. Im ersten Teil liegt die Aufmerksamkeit auf der Mutter, die eine Karriere als Töpferin startet, damit Erfolg hat und dann vergeht. Mit den Jahren verzweifelt sie und beginnt zu trinken.

Im zweiten Teil lässt sie den Leser teilhaben an Louisas Leben auf der Kunstakademie und ihrem (Liebes-)Leben in der Stadt. Sie träumt immer wieder von ihrem toten Bruder und torkelt von einer Beziehung in die andere. Mit Sam hat sie innerhalb eines Jahres eine Bruder-Schwester-Beziehung. Dann versucht sie ihr Glück bei einer Frau und stellt fest, dass sie nicht lesbisch ist. Dann hatte sie eine auf Sex ausgerichtete Beziehung mit Bruno. Als nächstes folgt Miles, den sie bald verlässt, weil ihre Gefühle für ihn weg sind. Darauf folgt Ed, mit dem sie gelegentlich schläft. In ihrem Zimmer stapelten sich ihre Bilder mit Meerjungfrauen und Zwillingen. Besuche beim Therapeuten bringen sie nicht weiter, so dass sie einfach nicht mehr hingeht.

Sam, ihre alte Liebe taucht wieder auf und sie bleiben Seelenverwandte. Dann trifft sie Samuel, einen verrückten depressiven Maler, dem sie sexuell hörig wird und der ihre Kunst verachtet. Als sie ein Angebot für eine Ausstellung bekommt, bezichtigt er sie, seine Motive geklaut zu haben und es kommt zum Bruch. Sie (Zitat) „fühlt sich, als habe sie jemand im Schlaf ermordet" und begeht einen Selbstmordversuch.

Folgendes Zitat gegen Ende der Geschichte:
Sie hatte das Gefühl, nach einem Drehbuch zu agieren, auf das sie keinerlei Einfluss hatte. Sie wusste, dass sie es überleben würde. Sie würde wieder arbeiten, eine neue Beziehung anfangen und sie wie gehabt versauen. Sie würde einfach damit fortfahren, sich aus dem Staub machen, bis niemand mehr übrig wäre, der sie haben wollte. Die würde nie ein Zuhause haben, nie sesshaft werden. Sie war rastlos. Sie schlug im Schlaf um sich in Erwartung eines Prinzen, aber es kamen keine Prinzen, nur Ansichtskarten von Prinzen. Der einzig Echte war Sam. Die übrigen waren Durchschläge, Kopien. Und doch wurde selbst Sam von Seths Schatten überlagert. Am Ende war das Original nur ein Geist, das Baby, mit dem sie sich Pennys Mutterleib geteilt hatte.

Auch wenn ihr Zwillingsbruder erst bei der Geburt gestorben ist, passen die von ihr beschriebenen Schwierigkeiten und Symptome auch zum verlorenen Zwilling. Ich war erstaunt, dieses Thema in so einem Buch zu finden. Stimmungsmässig liegt über der ganzen Geschichte ein depressiver Schatten, der bei aller Handlung spürbar bleibt.

Rainer Maria Rilke schreibt in seinen Gedichten Engellieder sehr berührend vom Loslassen des Engels, der ihm aus den Armen entschwindet, was verdächtig nach einer Zwillingserfahrung klingt. Diese Gedicht ist übrigens hervorragend vertont von Schönherz und Fleer auf der CD *In meinem wilden Herzen*

Rainer Maria Rilke *Engellieder*

Ich liess meinen Engel lange nicht los,
und er verarmte mir in den Armen,
und wurde klein, und ich wurde gross:
und auf einmal war ich das Erbarmen,
und er eine zitternde Bitte bloss.

Da habe ich ihm seine Himmel gegeben, -
Und er liess mir das Nahe, daraus er entschwand;
Und erlernte das Schweben, ich lernte das Leben,
und wir haben langsam einander erkannt...
Seit mich mein Engel nicht mehr bewacht,
kann er frei seine Flügel entfalten
und die Stille der Sterne durchspalten, -
denn er muss meiner einsamen Nacht
nicht mehr die ängstlichen Hände halten –
seit mich mein Engel nicht mehr bewacht.

Daniela Erb, 1969, wurde kürzlich in einem meiner Seminare ein weiteres Mal ins Leben geboren. Bisher Primarlehrerin ist sie auf der Suche nach neuen Wirkungsfeldern. Sie schrieb folgendes Gedicht nach ihrer Prozessarbeit:

Der Werde Begleiter

Warm liegt meine Hand in seiner,
fliesst die Liebe hin und her,
ach, ich möcht' er blieb an meiner
Seite, 's fiel mir alles nicht so schwer.

Doch ich weiss, dass Endlichkeit
gehört zum Raum wohin ich geh,
drum weiss ich auch, dass unsre Zeit
zu Ende geht, es tut mir weh.

Ich schau ihn an, treff' seinen Blick,
versinke nochmals tief darin,
denn einer von uns bleibt zurück,
das ist der Reise klarer Sinn.

Noch einmal schmelzen, sich vereinen,
Unendlichkeit – nochmals nur sein!
Dann, es regt sich in den Beinen,
ich muss geh'n – gedenke mein!

Zärtlich löst er sich von mir
und reicht zum letzten Mal die Hand,
führt mich weiter – weg von hier –
ich mach mich auf ins neue Land.

> Von Ferne winkt er mir noch zu,
> begleitet mich mit Achtsamkeit,
> ich sinke langsam in die Ruh,
> in Wärme und in Dunkelheit.

03.06.2007   *Daniela Erb*

Alexandra Schrackmann beschreibt in einer „Heilungsgeschichte" ihre Verarbeitung des Zwillingsthemas.

1966 geboren und aufgewachsen in Muotathal, Primarlehrerin, Mal - und Imaginationstherapeutin, lebt sie heute in St. Gallen.
Eine unerfüllte, unaussprechlich tiefe Sehnsucht nach einer Partnerschaft brachte mich in Kontakt mit dem Thema „verlorener Zwilling im Mutterleib" und berührte mich tief. Daraufhin entdeckte ich auf meinen Kinderzeichnungen zahlreiche Zwillingspaare, was mich in der Annahme bestätigte, dass mich dieses Thema betrifft. Malen und Schreiben waren für mich seit jeher wichtige Möglichkeiten gewesen, um die Intensität dieser Sehnsucht nach Ganzheit und Verbundenheit mit einer erweiterten Dimension auszudrücken.

Begegnung mit meiner Zwillingsseele

Larissa lehnte an die alte, von der Sonne erwärmte Steinmauer, welche den kleinen Friedhof umgab. Traumverloren liess sie ihren Blick über diesen Ort schweifen, über diese seltsame, verwitterte Insel der Stille, welche fernab des kleinen Dorfes in der sommerlichen Nachmittagshitze vor sich hin döste. Larissa wusste selber nicht, warum es sie immer wieder hier hin zog, aber der kleine Friedhof rührte etwas tief in ihrer Seele an, dem sie sich nicht entziehen konnte. Ein paar bescheidene Gräber reihten sich unregelmässig aneinander. Grabsteine mit kaum noch zu entziffernden Inschriften ragten wie vergessene Monolithe in die Höhe,

Wiesenblumen bewegten sich zwischen den Grabsteinen sachte im Wind. Nur einzelne Blumenbuketts kündeten von gelegentlichen Besuchen. Meistens jedoch begegnete Larissa niemandem, wenn eine unergründliche Sehnsucht sie zu dem alten Friedhof führte, wo sie für einige Stunden in der Zeitlosigkeit versank, eintauchte in eine Welt jenseits der eifrigen Geschäftigkeit, jenseits der sich wild tummelnden Gedankensplitter, in eine Welt ohne Namen und Formen.

Larissa schloss die Augen. Behaglich kuschelte sie sich an die warme Mauer, spürte die Wärme in ihrem Rücken und liess sich von den Sonnenstrahlen liebkosen. Leise drang die Melodie dieses verwunschenen Ortes an ihr Ohr. Larissa vernahm das Zwitschern der Vögel, das Summen der Zikaden und das leise Rauschen der Blätter jener Birken, die den Eingang zum Friedhof säumten.

Nachdem Larissa einige Zeit in der Stille da gesessen und ihre Seele sich ganz an diesem Ort niedergelassen hatte, spürte sie, wie die leisen Töne in ihrem Innern lebendig wurden. Eine Melodie, geboren aus der Stille des Herzens, bahnte sich einen Weg nach draussen. Ganz leise erst erklang ihre Stimme, um sich immer kraftvoller zu entfalten und sich in sanften Klangbögen über die Gräber zu erheben. Als würden die Grabsteine zum Tanze aufgefordert, webten die Töne sich hinein in die Seele dieses Ortes, bis er von jener Melodie erfüllt war und Larissas Lied ihn in ein pulsierendes Kraftfeld verwandelt hatte.

Larissa selber war es, als würde sie als lebendiger Klang durch diesen Ort fliessen. Und eine unergründliche Sehnsucht webte sich hinein in ihre Lieder, liess die Klänge wie mächtige Ozeanwellen an die Küste ihres Bewusstseins branden. Während Larissa sang, entfaltete sich vor ihrem inneren Auge stets dasselbe Bild, dem sie sich nicht zu entziehen vermochte. Da war ein breiter Fluss, der seine gewaltigen Wassermassen träge durch die Ebene fliessen liess. Larissas Gesang verwandelte sich in ein Boot, auf welchem die Seelen der Verstorbenen über den Fluss getragen wurden, ihrer wahren Heimat entgegen. Das auf und ab der Melodiebögen trug sie sicher über die Stromschnellen. Ihr Gesang besänftigte auf geheimnisvolle Weise die aufspritzende Gischt, sodass das Boot schliesslich auf die andere Seite gelangte und die Seelen der Verstorbenen sich wie kleine Funken erhoben und ins wogende Lichtermeer jenseits des Flusses eintauchten, um sich mit einem glückseligen Seufzer in den gleissenden Lichtkaskaden aufzulösen. Larissa selber atmete erleichtert auf, wenn es ihr gelungen war, ein Boot voller Seelen über den Fluss zu führen. Eine Glückseligkeit breitete sich in ihr aus, gefolgt von einer tiefen Stille.

Nachdem ihr Lied längst verklungen war und Larissa mit geschlossenen Augen dem sanften Rauschen der Blätter lauschte, sank sie unmerklich in einen tiefen Schlaf. Und da empfing sie einen Traum, der ihr Leben für immer verändern sollte. In diesem Traum sass Larissa noch immer an die Steinmauer gelehnt, doch inzwischen war die Nacht hereingebrochen. Der eindringliche Ruf eines Käuzchens liess sie aufstehen und gedankenverloren zwischen den verwitterten Grabsteinen umhergehen. Eine seltsame Unrast, die sie sich nicht erklären konnte, hatte von ihr Besitz ergriffen. Da, plötzlich entdeckte sie ein seltsames Funkeln in der Nähe. Neugierig ging sie auf dieses Licht zu. Unversehens stand sie vor einem Grabstein, den sie hier noch nie gesehen hatte. Und am Boden, unmittelbar vor dem Grabstein, pulsierte ein schwaches Licht, das jedoch nicht von einer Kerze stammte. Larissa trat näher, um wie vom Donner gerührt stehen zu bleiben. Vor ihr am Boden lag eine kleine, blasse Gestalt, welche einen so verlorenen Eindruck machte, dass es Larissa das Herz zuschnürte. Doch nun entdeckte sie, dass aus der Brust der Gestalt dieses sanfte Strahlen drang, vergleichbar einer Kerzenflamme, die jeden Moment zu verlöschen drohte. Mit zitternden Knien und rasendem Herzklopfen beugte Larissa sich hinab, um die Gestalt genauer zu betrachten. Sie wirkte so verkrampft und hilflos, wie ein Säugling, der zu früh aus dem schützenden Leib seiner Mutter verbannt worden war. Ja, wenn Larissa genauer hinschaute, konnte sie erkennen, dass es ein Embryo war, noch nicht voll entwickelt, um die Reise auf diese Welt anzutreten. Seine Augen waren geschlossen, seine Haut so transparent und ungeschützt. Aber in seinem Innern gab es dieses Licht, welches seine zaghaften Funken versprühte. Wie gebannt starrte Larissa auf dieses schwach pulsierende Licht, welches wie ein vergessener Stern in der Dunkelheit leuchtete. Während das fahle Mondlicht den nächtlichen Friedhof in einen milchigen Schleier tauchte, tastete sich Larissas Hand vorsichtig zu der Gestalt hin und berührte sie behutsam. Wie erschrocken war sie, als sich diese durchscheinende Haut unter ihren Fingern so kalt und erstarrt anfühlte. Doch es war nicht Angst, die Larissa in dem Moment empfand, es war ein wilder Schmerz, der sie durchzuckte und wie eine Flutwelle in ihr Herz brandete. Und in Sekundenbruchteilen enthüllte sich ihr die Wahrheit über diese Begegnung, über diese Seele, über sie selbst.

Diese Seele hatte sie gerufen in grenzenloser Not, denn, sie war noch immer eingesperrt in dieser erstarrten Körperhülle. Durch einen unerträglichen Schmerz gelähmt, hatte sie vergessen, wer sie war, woher sie kam. Und das Licht im Innern, eingesperrt in ein Gefängnis der Erstarrung, fand keinen Weg nach draussen. Tief eingeschlossen im gelähmten Körper des Säuglings drohten die Lichtfunken nach jahrelangen Hilfeschreien zu erlöschen. Larissa sank über dem kleinen, hilflosen Körper zusammen und liess ihren Tränen freien Lauf. Sie weinte um die eingeschlossene Seele. Die Not dieses Wesens zerriss ihr das Herz. Und auf geheimnisvolle Weise ahnte sie, dass sie mit diesem Wesen zutiefst verbunden war, dass diese Seele sie gerufen hatte. Sie war es gewesen, die sie immer wieder zu dem alten Friedhof gerufen hatte. Unter herzzerreissenden Schluchzern tropften ihre Tränen unaufhörlich auf die kleine Gestalt. Und niemand weiss, wie es zugegangen war, aber plötzlich berührte eine Träne die geschlossenen Augen des Säuglings, und als steckte alles Mitgefühl der Welt in dieser einen Träne, so vermochte sie es, dem Säugling die Augen zu öffnen. Ein unbändiges Staunen erfüllte seinen Blick. Und schlagartig erkannten sie sich! „Mein Bruder!" hauchte Larissa ungläubig. In den leuchtenden Augen dieses kleinen Wesens blickte ihr ihre Zwillingsseele mit einer unendlichen Zärtlichkeit entgegen. Und während ihre Blicke tief ineinander tauchten, Zeit und Raum sich auflösten, spürte Larissa eine Hitzewelle durch ihre Brust fliessen, als wäre ihr Herz vom Feuer glühender Liebe entzündet worden. Und nun konnte sie sehen, wie das Licht ihrer beiden Seelen sich verband und wie ein leuchtender Funkenstrom ineinander floss. In diesem heiligen Moment erkannte die Seele sich selbst, um sich mit einem Jubelschrei aus der Enge des Körpers zu erheben und sich wie ein Stern in die unbegrenzte Weite des Himmels zu schwingen. Larissa folgte dem leuchtenden Stern mit ihrem Blick, und in dem Moment wusste sie, dass der Himmel kein ferner Ort war. Wie ein schützendes

Sternenzelt breitete er sich über ihr aus und Larissa atmete seine Weite, tauchte in sein tiefes Nachtblau ein und fühlte sich mit ihm verbunden.

Als sie sich wieder der Gestalt des Säuglings zuwandte, entdeckte sie, wie der kleine Körper nun ganz weich und entspannt auf dem Boden lag, dass er bereit war, mit einem lautlosen Seufzer zu Mutter Erde zurückzukehren, denn die Seele war frei. Zum ersten Mal in ihrem Leben empfand Larissa keine Abscheu vor einem toten Körper. Voller Zärtlichkeit streichelte sie noch einmal über diese kleine, zarte Körperhülle, berührte behutsam das feine Gesichtchen, warf einen letzten Blick auf die Augen, welche nun geschlossen waren. Voller Erstaunen beobachtete sie, wie der Boden sich plötzlich sanft öffnete und der kleine Körper mit einem Ausdruck tiefsten Friedens in Mutter Erdes Arme sank. Und wie von Zauberhand geleitet, erhob sich aus dem Grab eine Rose, wuchs vor Larissas Augen in die Höhe, öffnete behutsam ihre Blütenblätter und verströmte einen süssen Duft, welchen Larissa tief einatmete. Und plötzlich erkannte sie die Seele ihres Zwillingsbruders in dieser Rose. Sie atmete seine Essenz tief in ihr Herz. Und wie Schuppen fiel es ihr von den Augen, dass jeder Atemzug sie mit ihm verband, dass sein Duft die lebendige Verbindung war, die immer zugänglich war. Ihr Bruder war keine Erinnerung, Larissa war jetzt, in diesem Moment, mit ihm verbunden und spürte die atemberaubende Nähe seiner Seele. Tränen der Dankbarkeit traten ihr in die Augen. Lange Zeit blieb sie so sitzen, ganz in den Duft der Rose eingetaucht, und hielt ein stummes Zwiegespräch mit ihm.

Da gab es so viele Fragen, welche sie bestürmt und lange Zeit in ihrem Innern genagt hatten. „Wie habe ich mich nach dir gesehnt", flüsterte Larissa unter Tränen. „Ein Teil von mir war immer bei dir. Etwas in mir wusste um deine Not, aber sie war so tief vergraben, ich konnte den Faden, der mich tiefer und tiefer in die Dunkelheit einer undurchsichtigen Trauer hineinführte, nicht zu fassen kriegen. Aber bitte sag mir, warum hast du mich verlassen?" hauchte Larissa mit flehender Stimme. „Warum durften wir diese Nähe nur ein paar Wochen lang teilen, bevor wir geboren wurden? Warum konnten wir nicht gemeinsam zur Welt kommen?" Während Larissa diese Frage stellte, atmete sie den Rosenduft ein, um seine

Antwort im Innern zu vernehmen. „Ich weiss, wie schwer das war", vernahm sie seine Worte. Wie ein sanfter Strom flossen sie ihr zu aus geheimnisvoller Quelle, unsichtbar, lautlos, doch sie brannten sich ein in ihr Herz.

„Ich möchte versuchen, es dir zu erklären", sprach die Stimme ihrer Zwillingsseele voller Behutsamkeit. „Jetzt, wo du mich befreit hast, wo deine Tränen, dein Mitgefühl und dein Mut mich zurückgeführt haben zu dem Wesen, das ich wirklich bin, möchte ich dir helfen, zu verstehen… Weisst du, ich wollte nicht von dir getrennt werden. Ich habe mich gewehrt. Ich habe dich so sehr geliebt, dass es mir unvorstellbar erschien, ohne dich zu sein. Diese Botschaft, dass ich zurück musste, sie liess mich erstarren. Der Schock, von dir getrennt zu werden, hat mich lebendig begraben … bis zu dem Augenblick, da du mich erkannt hast. Du hast mir meine Seele zurückgegeben!"

Bild von Alexandra Schrackmann zur Geschichte „Begegnung mit meiner Zwillingsseele"

Larissa seufzte tief. „Aber jetzt, wo die Augen meiner Seele geöffnet sind", vernahm sie weiter die Stimme ihres Seelenbruders, „jetzt sehe ich die Kraft unserer Sehnsucht. Sie ist wie ein reissender Strom, nichts kann sie aufhalten, nichts könnte sich ihr entgegenstellen. Die Kraft der Sehnsucht überflutet jedes Hindernis, denn ihre Wurzel ist die Liebe, nach der sie sich sehnt bis ins Innerste jeder Zelle. Und ohne diese Sehnsucht hättest du die Geschenke deiner Liebeskraft nicht entwickelt. Die ganze Kraft deines Potenzials, die Kraft deiner Liebe hätte dich nicht so tief und bedingungslos erfassen können, wenn da nicht diese Sehnsucht gewesen wäre. Deine Stimme, Ausdruck deiner Zärtlichkeit, wie hätte sie die Seelen all derer, die ihren Ursprung vergessen haben, erreichen können! Die Liebe zu mir hat in deinem Herzen eine verborgene Tür offen stehen lassen, die dich immer mit jener andern Welt verbindet. Und bevor du geboren wurdest, war es dein grösster Wunsch, die Menschen auf der Erde zu erinnern, sie mit dem in Verbindung zu bringen, was jenseits der sichtbaren Welt in ihren Herzen atmet und singt ... mit der Liebe! Oh Seelenschwester, wenn meine Liebe eine Farbe annehmen könnte, ich würde mich dir zeigen als leuchtender Regenbogen, als bunt schillernder Schmetterling, als wogendes Blumenmeer, keine Nuance möchte ich dir vorenthalten, nichts ausblenden, die ganze Fülle möchte ich dich erfahren lassen!"

Während diese Worte zu Larissa durchdrangen, rannen ihre Tränen unaufhörlich. Als würde sie endlich heimkehren, eintauchen in ihren tiefsten Seelengrund, atmete Larissa diese Botschaft tief in sich hinein, in jede Zelle ihres Körpers, hinein in all die erstarrten Körpergebiete, jene inneren Todeszonen, die jahrelang den Stachel eines unnennbaren Schmerzes gefühlt hatten. Und weiter vernahm sie die Stimme der Liebe in ihrem Herzen. „Wisse, ich bin nicht fern von dir! Suche mich nicht in einer bestimmten Form!" Und mit einem übermütigen Kichern purzelten die Worte ihres Seelenbruders in ihr Bewusstsein. „Beschränke dich nicht auf weisse Rosen! Jetzt, da ich frei bin und unbegrenzt, liebe ich es, dich mit der ganzen Fülle meiner wahren Natur zu berühren. Ich manifestiere mich im Duft einer Rose, im Flug des Vogels, im Heulen des Sturmwindes ... doch immer, wenn dein Herz offen ist, wirst du mich erkennen ... du wirst meine Essenz spüren, denn glaube mir, das einzige, was ich möchte ist, dich an meiner Fülle teilhaben zu lassen. Und

trauere nicht um meine Gestalt…für dieses Leben war sie nicht bestimmt … aber glaube daran, dass ich in einem Geliebten Gestalt annehmen kann … du wirst deinen Seelenbruder erkennen. Man kann die Liebe riechen, der Wind weht sie heran aus unbegrenzten Weiten … und wenn du dich in die Stille wagst, wirst du die Symphonie Gottes hören, werden die Klänge meiner Liebe dir antworten."
Larissa war ganz still geworden. Noch immer in den Anblick der Rose vertieft, mit Augen, von all den Tränen reingewaschen, kam es ihr vor, als sehe sie die Welt das erste Mal. Sie blinzelte, rieb sich die Augen, um mit einem tiefen Seufzer aus dem Traum aufzuwachen, welcher sie in die Tiefen ihrer Seele geführt hatte. Ungläubig blickte sie um sich. Wo war sie? Es dauerte einige Zeit, bis sie sich wieder zurechtfand auf dem alten Friedhof, an die inzwischen kühle Mauer gelehnt. Die Sonne sank eben hinter den fernen Horizont und tauchte die Landschaft in ein sanftes Korallenrot. Larissa spürte das Pochen ihres Herzens … und da war etwas, eine Zärtlichkeit, ein Gefühl der Verbundenheit, eine Gewissheit, die Liebe war heimgekehrt, sie selbst war heimgekehrt. Larissa räkelte sich, erhob sich langsam, liess einen letzten, dankbaren Blick über diesen Ort schweifen, und mit einem seligen Lächeln machte sie sich auf den Weg ins Dorf … zurück ins Leben.

10. Partnerschaftsthemen

In diesem Kapitel befassen wir uns mit Paarthemen, die man als Therapeut begleiten kann, wenn das Zwillingstrauma gelöst ist. Ich gehe im Folgenden von einem Paar aus, bei dem einer einen Zwilling verloreren hat. Aufgrund von Resonanz ist es allerdings oft so, dass sich zwei Menschen finden, die beide dieses Thema haben. Natürlich ist nicht immer nur ein Zwilling Ursache dieser partnerschaftlichen Probleme. Oft genug verstärken biographische Prägungen der Kindheit die pränatalen Erfahrungen. Das sei zur Verdeutlichung gesagt.

Aus der Symbiose zurück zu mir

Symbiose und Verschmelzung, Harmonie und Gleichklang stehen oft im Vordergrund, wenn einer einen Zwilling verloren hat. Sicher ist das ausserdem ein natürliches Bedürfnis des Menschen. Bei alleingeborenen Zwillingen liegen auf diesen Aspekten viel mehr Aufmerksamkeit als bei „Einlingen" und deshalb können sie auf die Dauer zum Gefängnis werden.

Das Bedürfnis nach Verschmelzen und Nähe ist z.B. in der Verliebtheitsphase ganz normal. Wenn aus diesem Bedürfnis eine unstillbare Bedürftigkeit wird, kann das den Partner sehr einengen. Denn soviel er auch gibt, es ist nie genug! Distanziert er sich, löst das beim anderen oft Verlustängste und in der Folge Klammern aus. Andererseits wandert die Aufmerksamkeit meist vom Ich zum Du. Das kann bedeuten, dass die eigenen Bedürfnisse nicht mehr wahrgenommen werden, sondern nur noch die Bedürfnisse des Gegenübers. Im ungeheilten Zustand kann die Forderung nach symbiotischer Nähe eine Partnerschaft auf die Dauer stark belasten. Wenn die Zwillingsübertragung aufgelöst wird, kann sie die Ressource zum Vorschein bringen. Die Möglichkeit, diese Nähe, die Geborgenheit, die Liebe zu geben, statt sie zu fordern, kann einem Paar sehr viel Innigkeit bescheren. In einem Augenkontakt oder in einer innigen Umarmung können sich kurzfristig die Grenzen von Ich und Du auflösen und das nährt beide.

In der Begleitung liegt der Fokus auf dem ICH. Denn der Zwillingsüberlebende muss lernen, mit seiner Aufmerksamkeit zu sich zu kommen und bei sich zu bleiben.

Begleitfragen können sein: Was brauche ich? Was will ich? Was kann ich geben?

Jürgen schreibt:

Vor allem unendlich heftige Verlustängste und ein nicht stillbares Verlangen nach verschmelzender Nähe prägten mein Verhalten, was sich vor allem in der Beziehung zu S. und auch schon in früheren Beziehungen zeigte. Die Zwillingsarbeit half mir, die Ursache dieser Muster wahrzunehmen, zu erkennen, zu benennen und so auch loszulassen. Ich merke erst jetzt in der Beziehung mit M., wie tief diese Veränderung war. Ich liebe sie und erlebe, wie viel Nähe zu ihr ich zulassen kann, es gelingt mir gleichzeitig aber auch, bei mir zu bleiben, d.h. nicht unbewusst mit ihr zu verschmelzen. Wenn sie sich freut, freut es mich für sie, wenn sie traurig ist oder Schmerzen hat, fühle ich mit ihr, aber ich bleibe - ohne Mühe - bei mir. Was ich dabei erstaunt - und erfreut - erkenne, ist, dass ich ihr dadurch viel näher sein kann als je einer Partnerin in einer früheren Beziehung. Es ist aber nicht mehr die haltlose Nähe, dieser freie Fall, sondern ich bleibe im Kontakt mit mir und habe Halt. Ich erlebe auch sie so. Und genau dieses „Halt haben", dieses im Kontakt mit mir selber bleiben, bewirkt, dass ich mich gleichzeitig mehr gehen lassen kann und dass deshalb mehr Nähe möglich ist.
Etwas für mich auch Grosses ist, dass es mir gelingt, auf Drama zu verzichten. Es geschieht zwar noch immer, dass durch M's. Verhalten bei mir Wahrnehmungs- und Handlungsmuster ausgelöst werden - ich fühle mich zum Beispiel abgelehnt oder ausgeliefert - der grosse Unterschied zu vorher ist jedoch, dass ich diese Gefühle als Teile von mir erfahre, die zwar durch sie ausgelöst werden, die aber nichts mit ihr zu tun haben. Das erlaubt mir, in Eigenverantwortung meinen „Babykram" zu erkennen, ihn richtig einzuordnen und Mutter, Vater oder beiden zu verzeihen und ihn schliesslich loszulassen. So ist es bis jetzt noch nie passiert, dass ich ihr irgendetwas vorgeworfen habe oder sie für mein Unglück verantwortlich machte. Als Folge erlebe ich unsere Beziehung als erwachsen, als eine Begegnung

zwischen Mann und Frau in ihrer ganzen Fülle, in ihrem ganzen Reichtum.

Seine Partnerin Angelina beschreibt ihren Teil so:

Seit der Zwillingsarbeit habe ich das Gefühl, „angekommen" zu sein und wurde beschenkt mit zwei Zwillingsgeschwistern. Ich hatte mir schon immer einen Bruder gewünscht und nun habe ich ihn. Ein Beispiel aus einer früheren Beziehung: Als ich M. kennen lernte, sah ich in ihm einen potentiellen Mann für eine Liebesbeziehung. (Das sah ich in fast allen Männern, die mir gefielen, als ich Single war.) Ich suchte richtig danach. Wir kamen zusammen und ich dachte, ich müsse ihm alles geben. Wollte ihn nicht verlieren und gab mich völlig auf. Dadurch zog er sich immer mehr zurück und ich klammerte umso mehr. Schliesslich zerbrach die Beziehung und ich fiel in ein tiefes Loch, wusste nicht mehr weiter und dachte, ich müsste sterben. Heute ist die Suche vorbei. Ich fühle mich gestärkt und genährt durch die Liebe, die Kraft, den Mut und das viele Licht, das mir meine Zwillingsgeschwister geben. Ich kann mich immer mit ihnen unterhalten und spüre sie ganz nahe bei mir. Durch die Zwillingsarbeit konnte ich mein bisheriges Leben besser verstehen, konnte verzeihen, danken und loslassen (Botschaft meiner Geschwister). Ich wusste, ich muss nicht DEN Mann suchen, er wird zum richtigen Zeitpunkt schon kommen. Durch das abendliche Ritual entstand eine tiefe Dankbarkeit und tiefe Verbundenheit mit meinen Zwillingsgeschwistern. Und siehe da, DER Mann ist gekommen. Die wunderschöne Beziehung mit J. ist bereichernd. Ich fühle mich sehr verbunden und glücklich. Wir ergänzen uns auf eine wunderbare und liebevolle Art. Die Muster, die ich durch ihn bei mir erkenne, und die heftige/schmerzliche Reaktionen auslösen, kann ich heute zuordnen, ohne ihn dafür verantwortlich zu machen. Wir fordern uns auf eine ehrliche und liebevolle Art heraus Das grosse Loch kommt nicht wieder und der Sog, heruntergezogen zu werden, ist weg. Die ständige Suche nach etwas Unbekanntem ist aufgelöst. Ich erlebe eine schöne und erfüllte Liebe. Ich habe meinen Mann gefunden, der mich so liebt wie ich bin.

Das Warten aufgeben

In der Sehnsucht, im Warten auf Mr. Right oder die Prinzessin liegt ein hoher Anspruch. Kein Partner, und wenn er noch so ergeben liebt, kann eine so ausschliessliche Beziehung auf Dauer geben, wie der Zwilling im Mutterleib. Das muss verstanden und der immense Anspruch muss aufgegeben werden. Jeder kann der Beste sein, wenn er sich einlässt.

In der Zwillingsübertragung kann eine Begegnung so leidenschaftlich sein, dass es fast magisch wirkt. Doch leider überlebt sie oft die Realität nicht. Die Begleitung in der Therapie nach der Auflösung des Traumas besteht dann darin, den Klienten auf den Boden der Tatsachen zu holen, ihn immer wieder mit der Realität zu verbinden. Das kann über Körperarbeit, Gespräch, Aufstellung oder jede andere therapeutische Intervention geschehen.

Es braucht vom Klienten viel Bereitschaft solche „flimmernden" unrealistischen, aber magisch anziehenden Begegnungen zu Gunsten einer alltäglichen Beziehung aufzugeben. Im Vergleich dazu scheint eine normale Partnerschaft ohne dieses Pathos langweilig – aber lebbar!

Der Klient verzichtet dann auf das kräfteraubende Drama, den existentiellen Grenzgang, der ihn zwischen Leben und Sterben hin und her wirft, um in seinem Leben und in seinem Liebesleben wirklich auf den Boden zu kommen. Das ist die Möglichkeit zu liebevoller Beziehung im Alltag, statt permanentem Höhenflug mit vorhersehbarem Absturz.

Ich hatte vor vielen Jahren einen Klienten, der mir in einer Sitzung sagte: „Wenn ich das (die Intensität wie mit dem Zwilling) nicht haben kann, mit dem zweitbesten gebe ich mich nicht zufrieden", und stattdessen lieber alleine blieb.

Einlassen

Je nach Klient und seiner Geschichte kann Einlassen ein wichtiges Integrationsthema sein. Das Einlassen bezieht sich natürlich nicht nur auf eine Partnerschaft, sondern normalerweise auf alle Aspekte des Lebens. In Beziehung und Therapie gilt es, sich gefühlsmässig berühren zu lassen, verbindlich zu sein, Veränderung zu erlauben, sich bewegen zu lassen und bei sich zu bleiben. In all diesen Bereichen könnte Integrationsarbeit nach der Ursachenlösung nötig sein. Das bedeutet Einlassen üben auf allen Ebenen.

Einlassen

Ein Blick, ein Satz, dann war sie da
die Energie zwischen uns,
sanft, bestimmt, zögernd und doch klar

Willst du mich – will ich dich?
Will ich mich von dir und dem,
was zwischen uns ist, bewegen lassen?
Will ich erlauben, dass diese Leidenschaft und
diese Liebe mein ganzes Leben auf den Kopf stellen?
Will ich mich dir hingeben, mich ausliefern dem,
was das Leben für mich an deiner Seite bereit hält?
Bin ich bereit, alte Bande zu lösen, die mich halten
in der Vergangenheit und verhindern, dass ich ganz da bin?
Kann ich bei mir bleiben und mit dir sein?

Bist du bereit, meinen Raum zu respektieren und
mir Freiheit zu gewähren,
in allem, was ich bin?
Bist du bereit, dein Wollen und deine
Vorstellungen dem unterzuordnen, was wirklich ist?

Kannst du vertrauen, dass die gemeinsame Wegstrecke,
auch die deine ist?
Bist du bereit, alte Wunden, die von uns berührt werden,
zu heilen ohne mich einem Kreuzfeuer von Vorwürfen auszusetzen?
Willst du der Liebe in deinem Leben den Vorrang geben,
in jedem Fall, egal wen sie betrifft?
Willst du dir immer wieder diese Frage stellen:
Was würde jetzt die Liebe tun?

Wenn du für dich klar bist und ich für mich,
freiwillig, im eigenen Tempo,
dann können wir zusammenfügen und herausfinden,
was das Geheimnis ist,
das was grösser ist als nur wir beide!
Möge das Leben es segnen und
mögen wir es in Ehren halten!

Barbara Schlochow, März 2002

Loslassen
Das Loslassen kann sich auf alle möglichen Lebensaspekte beziehen. Manch einer geht mit seinem Hund eine symbiotische Beziehung ein, dafür nicht mit Menschen. Ein anderer müsste seinem Partner mehr Vertrauen im Alltag entgegenbringen und seine Ängste loslassen. Eine Mutter mit Zwillingsthema muss lernen, ihre Kinder altersgemäss loszulassen. Bei einem Dritten kann die Partnerschaft nur bestehen bleiben, wenn er aufhört zu klammern und eine Trennung erlaubt sein dürfte. Verbinden statt binden kann hier die Richtung sein, in die die Begleitung geht. Auch hier sind die therapeutischen Möglichkeiten mannigfaltig und die angewendeten Methoden frei wählbar.

Lassen

Zuerst haben wir uns Zeit gelassen,
 uns zu finden,
dann hineinfallen lassen
in das was ist, zwischen dir und mir,
um zu finden was wir bedeutet.

Dann hab ich Dich sein lassen,
so wie du bist - und auch mich,
um Raum zu lassen, jedem für sich.

Sich in Ruhe lassen.
Auch mal die Finger voneinander zu lassen,
vom „Du zum Ich",
um sich nicht gänzlich zu verlassen.

Mich immer wieder neu auf dich einlassen.
Die Verbindung sich entwickeln und
sich auch verändern lassen,
damit sie sein darf, was sie ist.

Mich gehen lassen
um zu zeigen wer ich bin,
und mich nicht mehr zu verstecken.

Meinungen auch mal stehen lassen und
das Harmonie-Theater gut sein lassen.

Dir und mir Freiraum lassen,
uns entwickeln lassen
jedem seine Richtung,

im Vertrauen, dass der eigene Weg
zusammenführt.

Ich geb mich hin,
ich lass dich frei
ich lass dich gehen,
und so
kannst du dich mir ergeben.

Und unsere Liebe blüht,
wenn wir sie lassen...

Barbara Schlochow, 7.2.2007

Sich im eigenen Leben verwurzeln
Dieses Thema ergibt sich oft aus der Auflösung einer Verweigerung, sei es bei der Zeugung oder später bei der Geburt. Ja-sagen-lernen ist hier die Aufgabe. Indem man immer mehr Ja sagt zum eigenen Leben und der eigenen Biographie, zu den aktuellen Lebensumständen, findet eine Verwurzelung statt. In seinem Leben Wurzeln zu schlagen, kann vielfältig aussehen.

Verbindlich werden und sich niederlassen an einem Ort, an einer Arbeitsstelle oder in einem Beruf, in einer Partnerschaft oder im eigenen Körper – es gibt viele Möglichkeiten. Der eine kauft ein Haus, eine andere entscheidet sich nach langem Zögern für ein Kind, ein ewiger Student hört auf zu suchen und fängt endlich einmal an zu tun. Eine Frau, die sich sehr ablehnt, beginnt ihren Körper zu akzeptieren, ein anderer nimmt sich als Kind seiner Eltern an und integriert sich in seiner Herkunftsfamilie. Wo jemand Wurzeln schlägt und sich verbindet, das zeigen dann die Lebensumstände.

11. Beispiele mit Kindern

Kleine Kinder haben einen anderen Zugang zu der intrauterinen Welt als Erwachsene, wie die folgenden Beispiele zeigen:

1. Eine Kollegin von mir war schwanger im ersten Trimenon, nur ihr Mann wusste davon und sie wollten dieses kleine Geheimnis noch eine Weile hüten. Ihr damals 3jähriger Sohn Markus platzt beim Familienessen mit ihren Eltern heraus: „Wir bekommen ein Baby." Ihre Eltern dachten sich, im Haus würde vielleicht eine Familie mit Baby einziehen. Meine Kollegin war sehr beeindruckt, dass Markus ihre Schwangerschaft im zweiten Monat entdeckt hatte. Kurz darauf „hörte" er immer am Bauch nach dem Baby. Eines Tages, im dritten Monat, verkroch er sich unters Bett und sagte seiner Mutter auf ihr Nachfragen: „Dem Baby geht es nicht gut". Am nächsten Tag stellte sich heraus, dass es abgestorben war. Markus hatte sowohl die Frühschwangerschaft, als auch den Abort wahrgenommen.

2. Eine Hebammenkollegin, die um das Phänomen des verlorenen Zwillings weiss, erlebt folgende Begebenheit bei einer Geburt, bei der auch ein dreijähriges Mädchen anwesend war. Sie schrieb mir: Ich möchte mit dir nun noch eine Erfahrung teilen, die mich sehr berührt und fasziniert hat. Bei meiner letzten Geburt, die ich betreut habe in Z. war ein 3jähriges Mädchen mit dabei. Sehr aufmerksam hat sie jede Handlung beobachtet, die ich machte oder wenn ich etwas erklärte. Auffällig war der tiefe Blick dieses Mädchens. Es war auch ganz natürlich und selbstverständlich, dass sie dabei war. Als das Kind geboren war, fragte sie immer wieder, wo denn jetzt das zweite Baby sei. Später auf der Plazenta konnte man sehen, dass es mit grosser Wahrscheinlichkeit eine Zwillingsschwangerschaft gewesen war. Es hatte eine zusätzliche Placenta, die sich am Rand befand. Faszinierend! Dieses kleine Mädchen war auch so stolz auf ihre Schwester und küsste sie so sanft, dass es mich wirklich berührte, diese Feinfühligkeit zu spüren. Der verlorene Zwilling scheint auch auf die älteren Geschwister einen Einfluss zu haben.

3. Ein Junge, der Tamino genannt werden möchte, bekommt Zwillinge als Schwestern. Er ist von Anfang an sehr eifersüchtig und auch sehr aggressiv ihnen gegenüber. Es gibt gefährliche Situationen, in denen er die Mädchen ersticken will, ihnen gewaltsam Essen in den Mund stopft, einen Stock in den Bauch rammt. Die Mutter geht in die Erziehungsberatung und hört dort, dass sie alles richtig macht. Später erinnert sie sich daran, dass Tamino einen Zwilling gehabt haben könnte und bei der Geburt eine grosse Nebenplacenta da gewesen war. Tamino hatte sowohl in der Spielgruppe als auch im Kindergarten extreme Verlustängste. Aufgrund dieser Beobachtungen geht seine Mutter zur Kinesiologin und diese bestätigt das Zwillingsthema. Als er viereinhalb Jahre ist, fragt sie ihn, ob er denn alleine in ihrem Bauch war. Er beginnt selbstverständlich zu erzählen, dass sein Bruder gestorben ist. Er findet einen Namen für diesen Bruder und ein Kuscheltier, das seinen Platz einnimmt, fortan sind sie in der Familie zu sechst. In einer Trauerphase äussert er Todessehnsucht:" Entweder ich gehe zu meinem Bruder oder er kommt zu mir, denn dort ist es schöner." Viele Gespräche mit seiner Mutter darüber und die Möglichkeit zum Weinen helfen sehr. Dass sie ihn versteht, erleichtert ihn. Für ihn ist es heute noch schlimm, dass die Mädchen sich haben, während er alleine ist, ohne seinen Bruder. Aber jetzt versteht er sich gut mit seinen Schwestern und sie fehlen ihm, wenn sie länger weg sind. Im Kindergarten ist er mit sechs Jahren sehr empfindlich auf das Thema „Wenn du nicht …. dann bist du nicht mehr mein bester Freund". Die Angst, verlassen zu werden, ist immer noch sehr gross.

4. Martina, das 8jährige Mädchen, das keine Freunde fand (Kapitel Symptome, unerklärliche Trauer) verwechselte in ihrer Sehnsucht ihre Schwester Vanessa mit ihrem Zwillingsbruder. Weil sich Vanessa nicht wirklich gemeint fühlte, gab es immer wieder Streit. Vanessa wies Martina zurück. Das änderte sich,

Martina malt sich und ihren Zwillingsbruder und ihre Liebe zueinander im Bauch ihrer Mutter

nachdem der Zwillingsbruder gefunden war. Martina konnte jetzt besser unterscheiden, wann sie Sehnsucht nach ihm hatte und wann sie Kontakt mit ihrer Schwester wollte.

Kind sein

Ich darf sein, so wie ich bin
Meine Welt ist klein
und ich erfahre sie mit allen Sinnen.
Ihr Eltern und Geschwister seid meine Welt
Durch euch lerne ich, wie sie funktioniert.

Vertrauen, Liebe, Lachen
Unbeschwert, verträumt, selbstvergessen
vertieft, entspannt, begeistert
mit Freude, Neugier und Entdeckergeist
so sehe und erfahre ich das Leben,
meinen Raum erkundend, Grenzen testend.
Ich dehne mich aus,
 wachse,
jeden Tag ein bisschen mehr.
Wachse ins Leben hinein,
lasse mich von ihm leiten
und begleiten.
Und bewahre meine Neugier,
um jeden Tag aufs Neue zu begegnen,
dir, mir und dem Leben!

Barbara Schlochow, 2. Februar 2003

12. Was Eltern für ihre Kinder tun können

Dadurch, dass heute die technische Möglichkeit besteht, per Ultraschall zwei Embryonen nachzuweisen, können die Eltern und besonders die Mutter früher am Geschehen teilnehmen. Notwendig wäre allerdings, dass der behandelnde Arzt es der Mutter mitteilt, wenn er im Ultraschall noch einen Embryo sieht oder vermutet. Sobald die Mutter davon weiss, kann sie ihr Kind ernst nehmen und verstehen. Ausserdem öffnet sie der Möglichkeit den Raum, dass das Kind später davon erzählen kann.

Norbert Mayer erzählte vor Jahren auf einem Kongress am Beispiel einer Aufstellung, bei der noch schwangere Eltern um einen in dieser Schwangerschaft verlorenen Zwilling trauerten. Es schien, als ob sie die Trauer teilen würden. Für mich ist klar, dass das überlebende Kind unterstützt wird, wenn es nicht alleine auf sich gestellt ist.

Denn auch die Eltern haben ein Ungeborenes verloren, selbst wenn sie diesen Verlust nicht spüren, sondern vielleicht erleichtert sind, dass es nur ein Kind geworden ist. Wenn sie ihr Herz für das überlebende Kind und seine Trauer öffnen könnten, wäre das eine Hilfe. Ganz zu schweigen von den wunderbaren Auswirkungen einer ganzheitlichen Betrachtungsweise, wenn dieses Kind älter wird und dann schon früh verstehen darf, dass der Zwilling ihm eine Hilfe auf dem Weg war. Ein Kinderbuch zu diesem Thema habe ich schon in Vorbereitung.

Manche Kinder erzählen mir auch, dass sie ihren Zwilling als Engel wahrnehmen, der ihnen zur Seite steht. Wer kann mit Sicherheit sagen, dass das nicht stimmt? Was wäre, wenn das die Wahrheit ist?

Darum zu wissen, bedeutet mit Sicherheit den ersten Schritt in Richtung Lösung. Denn wenn das Kind beginnt, sich auffällig zu verhalten, z.B. mit grossen Verlustängsten, kann man darauf eingehen. Wünschenswert wäre natürlich so früh

2 Bilder aus einer Serie eines 8 jährigen Mädchens; besonders wichtig ist ihr die Nabelschnur;

wie möglich, am besten schon als Baby. Sobald das Kind sich mitteilt, über Bilder, Worte oder ein besonders geliebtes Tier (z.B. einen Delphin), sollte man es unbedingt ernst nehmen, zum Ausdruck ermutigen, Gespräche führen, Fragen stellen und Raum lassen für Erinnerungen. Was vielleicht anmutet wie ein Liebesmärchen, ist erinnerte Geschichte.

Vielleicht ist es hilfreich, ein weiteres Gedeck am Tisch aufzulegen, um das Geschwister in die Familie zu integrieren. Vielleicht kann das Kuscheltier, das den Bruder oder die Schwester vertritt, zu wichtigen Dingen befragt werden. Vielleicht ist der Zwilling als Schutzengel für Eltern und Kind eine Hilfe.

Die Trauer, die auftaucht, muss Raum haben. Wenn das Kind Fragen stellt, die die Eltern nicht beantworten können, kann man innerlich den Zwilling befragen lassen. Hier kommen die Antworten genau und in kindgerechter Weisheit. Alles was hilft, den Verlust zu verarbeiten, sollte angewandt werden. Das können Traumatherapie, Biosynthese, Farb- oder Maltherapie, Bachblüten, Kinesiologie, Cranio Sacraltherapie oder Ähnliches sein.

Die Zwillinge umarmen sich innig; in allen Bildern malt sie die Kinder mit Augen

Ein Engel von Gott geschickt

Du warst da, als es am dunkelsten war,
so als wärst du plötzlich vom Himmel gefallen.
als ich voller Angst am Abgrund stand,
nicht bereit, den notwendigen Schritt zu tun.

Warst binnen kurzer Zeit Teil meines Lebens,
nicht mehr wegzudenken.
Hast Anteil genommen und mich an deiner Hand geführt
den langen Weg hinab.
So manchen Grad habe ich balanciert in deinem Schutz.
Du hast mir Vertrauen gegeben und mich gelehrt,
Vertrauen zu haben
in mich und in das Leben.

Die Liebe ist dein Ruder, dein Wind, dein Segel
und das Meer auf dem du schiffst.
Die Liebe ist es, die du verbreitest, aus der du schöpfst-
Vertrauen, Kraft, Klarheit
und Segen für mich, die du begleitest.
Du lehrst mich, einverstanden zu sein
mit dem Plan, der alles enthält.
Die Aufgabe, zu deren Erfüllung du angetreten bist,
steht im Zentrum deiner Aufmerksamkeit.
Sie zu vollenden und mir dabei Wegweiser zu sein,
ist dir ein Anliegen.

Liebster Zwilling,
ich danke dir für deine Liebe,
für die vielen Stunden deiner Zeit,
für dein mitfühlendes Herz,

für deine Geduld, mich erkennen zu lassen.
Ich danke Dir, dass du mir gezeigt hast, was es bedeutet zu lieben.
Ich danke Dir, dass Du mir geholfen hast,
das Schönste in mir zum Leuchten zu bringen.

Die Liebe möge uns verbinden und uns zu Boten machen,
Licht in unsere Welt zu senden.
Licht, das heilt,
Licht, das die Schönheit der Seele nährt,
Licht, das uns erinnert, wozu wir hergekommen sind.
Licht, das hilft ein Miteinander in Achtung,
Frieden und Verbundenheit zu gestalten - in einer Zeit,
in der wir vergessen haben, was Liebe wirklich bedeutet.

Barbara Schlochow, 23. Dezember 2001

Hier ein Beispiel aus einer Arbeit, die ich mit der Mutter gemacht habe, ohne die Tochter, um die es ging. Die Auswirkung auf das Mädchen war umwerfend und zeigt, wie eng Mutter und Kind lang über die Geburt hinaus verbunden sind! Und wie viel Heilung über die Mutter (unabhängig von einer Zwillingsgeschichte) möglich ist:

**Bettinas Spritzenphobie nach Amnioszentese und
wie die Verbindung mit der Mutter heilt**
Die Mutter der 9jährigen Bettina ruft mich an, weil ihre Tochter „grundlos" eine Spritzenphobie hat und in zahnärztlicher Behandlung ist. Weil sie sich nicht lokal betäuben lässt, wurde schon einmal eine Behandlung in Vollnarkose durchgeführt. Ausserdem log sie oft, auch in offensichtlichen Situationen.

Bettina war nie mit Spritzen in Berührung gekommen, ausser in der Schwangerschaft. Die Mutter hatte eine Amnioszentese machen lassen, weil zwei ihrer Brüder an einer Missbildung gestorben waren. Die Mutter kam also alleine in eine Sitzung. Wir gingen die Schwangerschaft der Tochter von Beginn an durch. Dabei stellt sich heraus, dass sie die Fruchtwasserpunktion stellvertretend für ihre Mutter machen liess. Diese hatte damals die Möglichkeit nicht gehabt. Ihr inneres Gefühl war klar, dass mit dem Kind alles in Ordnung sei und sie hat sich auf ihr Kind gefreut. Während des Eingriffes sei das Kind sehr unruhig gewesen, habe sich viel bewegt und es hätte lange gedauert, bis der Arzt die Nadel zur Fruchtwasserentnahme einführen konnte. Meine Vermutung war, dass das Kind Angst hatte, als die Nadel kam. In der Sitzung stellte es sich der Mutter so dar, dass die Kleine sehr wütend war: Nicht nur über den Eingriff, sondern über den Vertrauensbruch! Die Mutter hatte ja ein klares Gefühl, dass mit dem Kind alles in Ordnung sei, dem hatte sie allerdings nicht vertraut. Ausserdem hat sie sich vorgemacht, sie täte das zum Wohl des Kindes - und das war Selbstbetrug. Sie tat es für sich, ausschliesslich! Es war sehr wichtig, dass sie sich das eingestehen konnte. Im inneren Dialog gelang es, das aufzulösen bis Mutter und Kind eine innige Verbindung spürten.

Was aus der Zahnbehandlung wurde, hat die Mutter so beschrieben:
Nachdem ich bei dir in der Therapie war- ich bin heute noch ganz begeistert -hat sich Folgendes getan: Leider hat Bettina an diesem Abend bei einer Freundin geschlafen, so konnte ich sie nicht mehr in den Arm nehmen. Als sie dann am Samstag endlich nach Hause kam, war alles wie immer. Als ich sie dann am Abend, wie gewohnt, ins Bett brachte sagte sie zu mir: „Wann habe ich denn nun den Termin beim Zahnarzt?" Ich sagte daraufhin:

„Ja wenn du hingehen möchtest, dann werde ich gleich am Montag einen Termin für dich machen, es ist deine Entscheidung."
„O.k., dann gehen wir hin."

Dann hat sie sich an mich geschmiegt, hat mir gesagt, wie lieb sie mich hat und war irgendwie ganz nah bei mir, wie noch nie. Es ist sehr schwierig, das in Worte zu fassen. Ich kann es eigentlich nur so sagen: Ich und auch Bettina haben seither einen ganz anderen Kontakt, eine andere Bindung miteinander.

Sie hat auch aufgehört zu lügen. Sie ist in sich viel ruhiger geworden, das merke allerdings nur ich. Ich habe Bettina dann nach ein paar Tagen gefragt, ob sie das Gefühl habe, dass sich etwas verändert hat. Sie hat ganz klar ja gesagt. Sie empfindet es als angenehm, das ich nicht mehr so viel schimpfe mit ihr, das resultiert aber daraus, dass sie plötzlich mitdenken kann, nicht mehr das Gegenteil von dem tut, was man gesagt hat und einfach nur noch lieb ist.

Dann sind wir zum Zahnarzt gegangen.

Es war ihr zwar sehr mulmig zumute, aber ich hatte das Gefühl, dass sie wollte. Der Zahnarzt durfte alles machen, sogar mit dem Haken alle Zähne abtasten. Dann hat er ihr gesagt, dass sie hier ein kleines Loch hätte und dass es plombiert werden müsse. Da war sie dann schon sehr erschrocken und hat zuerst mal geweint und den Mund wieder zu gemacht. Dann hat er ihr alles an der Hand vorgemacht, was er nun tun würde. Das mit dem Bohrer musste er allerdings lassen. Da es aber ein so winziges Loch war, konnte er dieses mit dem Haken erledigen. Und oh Wunder, sie hat alles über sich ergehen lassen - Bettina hat jetzt eine Plombe!!! Du kannst Dir sicher denken, wie stolz sie war und ich natürlich auch - wie die ganze Familie.

Ich und auch der Zahnarzt sind sehr zuversichtlich, dass das klappt, was noch zu machen ist. Er hat auch eine tolle Einstellung dazu und gibt ihr die Zeit, die sie braucht. Wobei er das alles so geschickt macht, dass sie glaubt, er erklärt es gerade erst, dabei ist er schon mitten in der Arbeit.

Heute war ich in der Schule bei Bettina's Lehrer. Und er hat sie sehr gelobt. Er hat auch gesagt, dass sie sich in den letzten 14 Tagen irgendwie verändert hat und das sehr positiv ist; sie ist auf jeden Fall viel aufmerksamer und ruhiger geworden.

13. Die Einheit von Mutter und Kind

Nachdem nun dargelegt ist, dass das Zwillingstrauma ursprünglich als Unterstützung und Hilfe gemeint war und nicht als Verletzung, kam ich auf den Gedanken, dass es eigentlich eine natürliche Möglichkeit geben müsste, diese Situation aufzufangen. Ich persönlich bin davon überzeugt, dass die Einheit mit der Mutter eine von der Natur vorgesehene Heilungsmöglichkeit ist. Und so bin ich auf diesen Gedanken gekommen: Der Entschluss zu inkarnieren (d.h. ins Leben und in den Körper zu kommen) bedeutet, den Schritt aus der Einheit (Seelenebene) hinaus zu machen. Der Zustand vor dem Zeugungsraum ist Einheit, verbunden mit allem. Die meisten erleben schon die Entscheidung, sich fallen zu lassen, als Fall aus der Einheit. Nur im Zusammensein, im Verschmelzen mit dem Zwilling wird dieses Gefühl sozusagen auf die Welt, bzw. erstmals in den Körper gebracht. Dort ist es über die Erfahrung und das Körperwissen fest verankert, d.h. wir speichern die Erinnerung daran im Körper und können sie von dort wieder abrufen.

Selbst wenn der Abschied vom Zwilling schmerzvoll ist, könnte der Kontakt mit der Mutter wieder ein Kontakt der Einheit sein. Das wäre somit die erste Heilungsmöglichkeit des Zwillingsverlustes. Die Erfahrung von Einheit hätte dann schon mit zwei Menschen stattgefunden: mit dem Zwilling und der Mutter. Ich bin überzeugt, dass Menschen, die eine so nahe Verbindung mit der Mutter erlebt haben, weniger Narben des Zwillingsverlustes davontragen. Das bedeutet aber auch, dass angesichts der riesigen Menge von verschwundenen Zwillingen dem intensiven Kontakt von Embryo/Fötus und Mutter eine noch grössere Bedeutung zukommt als bisher.

Ich glaube, dass das Zwillingsthema mehr als die nachgewiesenen 10-20% der Menschen betrifft. Meine Schätzung, allein anhand der grossen Verbreitung der Auswirkungen, liegt bei ca. 80%. Norbert Mayer untermauert diese Vermutung am Ende seines Buches. Die unterschiedlichen Meinungen haben wahrscheinlich mit der frühen Zeit zu tun. Nachzuweisen sind Zwillinge heute im Ultraschall erst ab der 5. - 6. Schwangerschaftswoche. Was ist vorher?

Vielleicht ist der Vorgang, wie ein Mensch auf die Welt kommt, mit dem langsamen Übergang von neun Monaten ursprünglich geplant gewesen als langsames Hinübergleiten aus der Einheit der Seelenebene über die Einheit im Mutterleib mit dem Zwilling und dann über die symbiotische Verbindung mit der Mutter beim Stillen und in die Zweiheit.

Ich habe vor Jahren eine Rückführung in die Zwillingsgeschichte mit einer Schwangeren in der 35. Schwangerschaftswoche gemacht. Nach dem Abschied von ihrem Zwilling, ging sie in Kontakt mit ihrem noch ungeborenen Kind und lud es ein, seine Gefühle mit ihr zu teilen, falls es eine ähnliche Erfahrung gemacht hat. Sie vermutete das aufgrund einer Blutung in der Frühschwangerschaft. Auf einmal erfasste sie eine Welle von Trauer, sie weinte kurz und heftig und hatte klar das Gefühl, das sei nicht ihre Trauer gewesen. Das Kind war während der Arbeit wach gewesen und hatte in meiner Wahrnehmung sehr neugierig beobachtet, was Mutter gespürt hat. Nach der Geburt ihres Sohnes teilte sie mir mit, dass das Kind lebendiger war nach unserer Arbeit.

Neulich kam eine Frau zur Aufarbeitung der Schwangerschaft und Geburt ihres dritten Kindes zu mir. Weil Samuel erst vier Monate alt war und Noemi noch stillte, brachte sie ihn mit.

Die Geburt von Samuel war sehr langsam verlaufen und Noemi hatte mit heftigsten Widerständen zu kämpfen. Vom Ultraschall in der Frühschwangerschaft war bekannt, dass Samuel ein Zwilling war, aber wir dachten, dass das diesmal nicht das Thema sei, sondern vielmehr ihre Angst, noch einmal einen Abort zu erleben. Weil sie so früh nach dem letzten Abort wieder schwanger geworden war, äusserte der Arzt einen Verdacht auf Blasenmole (blasige Veränderung in der Gebärmutter ohne Embryo). Stattdessen sah man dann im Ultraschall die Zwillinge, von denen einer kurz darauf starb. Aufgrund dieser Schwierigkeiten in der Frühschwangerschaft begannen wir mit der Arbeit bei der Zeugung von Samuel. Als sie davon erzählte, schlief Samuel friedlich. Etwas später sprach Noemi von ihrer Angst, ihn zu verlieren, da wachte er plötzlich auf, schrie und war untröstlich. Ich nahm seine Reaktion auf und begleitete beide weiter. Im Wissen, dass er in dieser Zeit auch seinen Zwilling verloren hatte, nahm ich auch diesen Verlust mit in die Arbeit hinein. Und somit kam dann bei Noemi die Trauer um diesen Zwilling zum Vorschein. Je mehr sie diese zulassen konnte, umso mehr beruhigte sich der Kleine. Sie trauerte um sein nicht geborenes Geschwister und entlastete ihn damit. In der Folge blühte Samuel sichtlich auf. Noemi erzählte mir beim nächsten Treffen die Rückmeldungen mehrerer Verwandter, die nichts von dieser Aufarbeitung wussten und sagten, „das Baby hätte sich verwandelt".

Ein anderes Beispiel handelt von der Arbeit mit dem mittlerweile 9jährigen Mädchen Martina und seiner Mutter: In der ersten Sitzung ging es um das Wiederfinden des Zwillingsbruders. In der zweiten Sitzung etliche Monate später war die Loslösung das Ziel. Das Mädchen fand keine Freunde in der Schule, weil ihr niemand wirklich nah kommen durfte. In der Begegnung mit dem Zwillingsbruder war das Lösende nicht der Abschied, denn sie nimmt ihn weiterhin als Gestalt wahr. Da macht eine Verabschiedung wie bei Erwachsenen keinen Sinn. Die Loslösung vollzog sich darin, dass sie sich zugestand, dass sie andere Menschen genauso gern haben durfte wie ihn. Sie fragte ihn innerlich und er gab ihr zur Antwort, dass er glücklich wäre, wenn sie das täte. Es fiel ihr sichtlich schwer und sie rückversicherte sich einige Male, bis sie es glaubte. Das war ein berührender Moment für uns alle!

Im weiteren Verlauf kuschelte sie sich in den Schoss ihrer Mutter. Innerlich gingen beide zurück in die Zeit, als die Mutter mit ihr schwanger war und stellten immer wieder den Herzkontakt her. Auf diese Weise erlebte Martina den Moment als ihre Mutter die Schwangerschaft entdeckte nochmals anders und sie festigten ihre Verbindung im weiteren Verlauf. Beide so zu sehen und zu spüren, hat mich zu Tränen gerührt! Hier entstand eine neue Innigkeit, die für die Kleine ein Fundament legte, das ich wirklich jedem Kind wünsche!

Mir scheint, dass die innere Prozessarbeit, wie ich sie hier vertrete, vielleicht nur eine Zwischen-Lösung ist, bis der Weg der Heilung ausschliesslich über die Mutter gehen kann. Vielleicht lassen sich in der Zwischenzeit Wege mit den Neugeborenen finden. Die Möglichkeiten der Baby-Therapie nehmen ja schon weiter zu. Vielleicht lässt sich mit Babies und Kindern der Verlust des Zwillings emotional verarbeiten. In späteren Jahren, als Heranwachsender, braucht es dann vergleichsweise wenig Bewusstseinsarbeit, um den Umgang mit Beziehung zu unterstützen. Obwohl meine Hoffnung ist, dass nicht mehr jeder, der einen Zwilling gehabt hat in zehn Jahren dafür ausführlich therapiert werden muss. Vielleicht sind bis dahin genügend Informationen im morphogenetischen Feld eingespeist und die innere Haltung hat sich dahingehend geändert, dass Eltern ihren Kindern helfen können, die fehlenden Puzzelteile zusammenzusetzen, damit ihnen die ganze Wahrheit wieder einfällt. Damit wäre das Drama aufgelöst, bevor grösseres Leid daraus entstehen könnte. Vision oder Utopie?

Einheit mit dir in mir

Mein liebes Kind,
so nah,
Teil von mir
und doch ein eigener Mensch,
eigener Geist -
so nah in mir.

Wenn ich mich öffne,
ohne Angst, mich zu verlieren,
die Grenze öffne zwischen dir und mir,
dann wird' ich weit, so weit
und innig verschmolzen,
damit zusammenkommen kann,
was immer eins ist.

> Ich öffne mein Herz,
> meinen Geist,
> meine Seele
> gebe mich ganz hin
> dir und unserem Sein
> und erhasche einen Augenblick Unendlichkeit,
> eine Erinnerung an deine Welt
> und vor langer Zeit auch meine:
> Die weite Ebene des Seins.
>
> *Barbara Schlochow, 28.01.2007*

Meine Klienten erzählen eher selten, dass sie die Schwangerschaft als Einheit mit der Mutter erleben. Wenige Mütter erzählen mir, dass sie eine Einheit mit dem Kind in der Schwangerschaft erleben. Wahrscheinlich braucht es nicht viel - ausser Bewusstsein! Es gibt nichts zu tun, sondern zu sein. Sich einem Kind zu öffnen, sich ihm ganz zur Verfügung zu stellen, ist mehr als ihm nur eine Wohnung auf Zeit anzubieten. Das heisst nicht, dass es gilt, das Rad neu zu erfinden was das Thema Schwangerschaft angeht, sondern in der Begleitung die werdenden Mütter zu ermuntern, ihrem Instinkt zu vertrauen.

Übrigens gilt das natürlich auch für den werdenden Vater. Auch wenn er die Verbindung über den Körper nicht hat, nimmt ihn der Fötus selbstverständlich als Energie wahr. Viele Väter machen sich aus Unsicherheit energetisch wie unsichtbar, sorgen dann für den finanziellen Teil, eben jenen Teil in dem sie sich sicher fühlen. Die Herzverbindung, die sie mit dem Kind aufbauen können, geht jedoch über das „Hand auf den Bauch legen" hinaus. Auch da, sollten die Männer ermutigt werden, ihre eigene Verbindung zum Kind zu finden, auch ihre Möglichkeit, sich auszudrücken, auch wenn das Kind für sie nur von aussen spürbar ist. Die Frage ist nicht, wie oft der Vater den Bauch streichelt, sondern wie präsent er in der Gefühlsverbindung ist. Es ist ein Unterschied, ob die werdenden Eltern über ihr

Kind oder mit ihrem Kind sprechen. Warum sollten Ungeborene das anders wahrnehmen als wir? Wir mögen es ja auch nicht, wenn jemand in unserer Gegenwart über uns statt mit uns spricht.

„Die Energie folgt der Aufmerksamkeit" ist ein Grundsatz, der wörtlich zu nehmen ist. Wenn meine Aufmerksamkeit nur bis zur Bauchdecke geht, um den Rücken des Babys zu spüren, ist es ein Körperkontakt. Wenn meine Aufmerksamkeit achtsam in die Gebärmutter hineingeht, dann ist es wie ein Besuch im Wohnzimmer für das Kind. Werdende Eltern sollten sich öfter trauen, ihr Kind im Wohnzimmer zu besuchen. Die heute gängige Praxis ist, dass der Arzt das per Ultraschall tut! Und ich möchte alle werdenen Mütter und Väter ermutigen, selbst zu erfühlen, wie es ihrem Kind geht und welche Seele sich da auf den Weg zu ihnen gemacht hat, damit die Liebe von Anfang an fliessen kann.

Oder wie Nena singt: ... weil der Anfang von allem für immer die Liebe ist!

Danksagung

Mein Dank gilt

- Mutter und Vater: Ich danke euch für mein Leben, für alles, was ihr mich gelehrt und mir mitgegeben habt, für eure Liebe, für die Begleitung auf dem Weg und die Ermutigung

- Peter: Für deine Liebe zu mir und die vielen Möglichkeiten, die du mir zur Verfügung gestellt hast. Du hast mir liebevoll die schönen Plätze dieser Welt gezeigt und mich immer ernst genommen

- Meinen Geschwistern Sabine, Christian, Cathérine, Johannes, Susanne: Für eure Unterstützung und euer Vertrauen

- Wolfgang Michael Harlacher: Dafür dass du mein Potential gesehen und mich von Anfang an unterstützt hast für einen hohen Preis; für alles, was du mich gelehrt hast und die Möglichkeit unter deinem Schutz, meine Arbeit zu entwickeln. Ich danke dir für deine Liebe und alles, was ich durch dich erfahren durfte. Ohne dich wäre mein Leben in anderen Bahnen verlaufen

- Christiane Seiwald: Ohne dich wäre dieses Buch nie zustande gekommen. Ich danke dir für die unermüdliche Unterstützung, dein Vertrauen und dass du mich gelehrt hast, Vertrauen zu haben, meine Arbeit zu finden und sie heute mit mir teilst.

- Bert Hellinger für die systemischen Grundlagen

- Dr. Norbert Mayer und Nora Henke Mayer: Durch euch habe ich mein Zwillingsthema entdeckt und ihr wart mir Lehrer auf dem Weg

- Franz Renggli: Du hast das Pflänzchen „Buch" beharrlich gegossen und mich immer wieder ermutigt, mich zu zeigen

- Dr. David Boadella und Dr. phil. Silvia Specht Boadella: Ich danke euch für die Unterstützung und die grosse Erweiterung meiner Möglichkeiten durch die Biosynthese

- Roland Stump: Ich danke dir für deine Liebe und die Bereitschaft, mit mir zusammen meine Erkenntnisse zu integrieren und den Schatz in Beziehung zu bergen

- Eva Wyss-Oehrli: Deine Farbtherapie hat Farbe in die Therapie und mein Leben gebracht und verhilft der Schwere zu mehr Leichtigkeit, ohne an Tiefe zu verlieren

- Allen Klienten, die sich dem Grossen Ganzen anvertrauten, aus dem wir alle dann schöpfen konnten. Ohne euch wären mir diese Einsichten nicht möglich gewesen.

Literaturverzeichnis

Norbert Mayer: *Der Kain-Komplex,* Neue Wege systemischer Familientherapie; Integral-Verlag 1998 Bern, München, Wien,
Alfred und Bettina Austermann: *Das Drama im Mutterleib,* Der verlorene Zwilling; Königsweg- Verlag 2006,
Evelyne Steinemann: *Der verlorener Zwilling;* Kösel Verlag 2006 München;
Lennart Nilsson: *Ein Kind entsteht;* Goldmann-Verlag 6. Auflage
Neale Donald Walsch: *Zuhause in Gott;* Goldmann Arkana, 2006
Rebecca Miller: *Al sie seine Schuhe sah, wusste sie, dass sie ihren Mann verlassen würde;* Manhattan-Verlag, 2001
Thomas Harms: *Auf die Welt gekommen;* Ulrich Leutner Verlag, 2000; Berlin
Bettina Alberti: *Die Seele fühlt von Anfang an;* Kösel Verlag, 2005; München
Elisabeth Noble: *Primäre Bindungen;* 1996 Fischer Taschenbuch
David Boadella: *Befreite Lebensenergie;* Kösel Verlag; 1987 München
Sowie das Ausbildungstraining bei Dr.h.c David Boadella und Dr. phil. Silvia Specht- Boadella mit seinen Ausbildungsunterlagen
Rainer Maria Rilke`s Engellieder: *Schönherz und Fleer Rilke Projekt CD „In meinem wilden Herzen"* 2006
Dr. Claude Imbert: *Un seul etre vous manque;* Edition Visualisation Holistique- Paris 2004